大夏书系·全国中小学班主任培训用书

微班会创意设计与实施

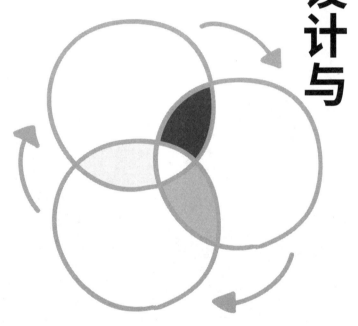

秦望 侯志强 编著

华东师范大学出版社

目录 CONTENTS

前言　微班会，迷人的风景　/ 001

技巧篇　如何让微班会富有创意

运用恰当素材　/ 003

捕捉教育契机　/ 010

创设德育情境　/ 016

增强活动体验　/ 019

植入学科教学　/ 023

开发微小时段　/ 027

及时总结评价　/ 037

融合心理技术　/ 040

巧借八方力量　/ 054

预演模拟过程　/ 057

实战篇　微班会创意设计与点评

节庆纪念教育　/ 063

- 开学第一天的"特权红包"　/ 063
- 爸爸妈妈的圣诞老人　/ 066
- "生"蛋快乐　/ 070
- 爱是需要表达的　/ 073

学习方法导航　/ 077

- 厕所 5 分钟，学出新高度　/ 077
- 学习的三种境界　/ 081
- 先令而行　/ 085
- 操场里的奥秘　/ 088
- 寒假是用来超越的　/ 092

拼搏动力激发　/ 095

- 敢打必胜　/ 095
- 不辜负自己承受的苦难　/ 099
- 向韩国学生学什么？　/ 101
- 课前宣誓的正确打开姿势　/ 104
- 考好了内服，考差了外用　/ 107
- 烧纸实验　/ 110

纪律要求渗透　/ 115

- 纪律是立班的基石　/ 115
- 谁帮我做了清洁？　/ 119
- 有人管是幸福的　/ 122

- 对付脓包，用针挑掉 / 125
- 约法三章 / 127
- 纪律，有时只需要一个提醒 / 129

人格品质培养 / 132
- 亲情的时差和温差 / 132
- 尊重的三层含义 / 136
- 吊兰为什么那么绿 / 139
- 老师，你烦不烦 / 142
- 小猪佩奇的烦恼 / 147
- 让人们因我的存在而感到幸福 / 152

综合能力提升 / 155
- 人前人后一个样 / 155
- 餐桌上的公平 / 159
- 小木棍大道理 / 163
- 不要盲目跟风 / 165

人际交往指导 / 171
- 敢于拒绝，快乐生活 / 171
- 小情侣吵架引发的思考 / 175
- 学生打碎玻璃之后 / 178
- 绕着教学楼跑三圈 / 180
- 练习礼貌 / 184

心理健康辅导 / 187
- 学习小猫钓鱼 / 187
- 考前定军心 / 193
- 你就是黑马，你就是传奇 / 196
- 踩掉烦恼 / 199
- 你对老师很重要 / 202

- 巧帮孩子改姓名 / 204

课堂搅局化解 / 208
- "我是一头（ ）的猪！" / 208
- 你有理发营业执照吗？ / 212
- 红烧肉与地沟油 / 214
- 故宫与子宫 / 217

健康饮食科普 / 221
- 用知识指导生活 / 221
- 槟榔不要随便吃 / 223
- 零食零食我爱你 / 227

活动策划实施（以运动会为例） / 231
- 红包雨 / 231
- 拍卖会 / 233
- 动员令 / 235
- 母子情 / 236
- 英雄连 / 237
- 坚守党 / 238

后记　实践之树常青 / 243

前言 FOREWORD

微班会，迷人的风景

近几年，全国主题班会研究蓬勃发展。人们如此关注主题班会，盖因它能够集中火力打"歼灭战"。重大主题的学生教育，班级问题的解决，都可以在这个平台上落地。

然而，在编写"中小学主题班会教程"《高中系列班会课》《初中系列班会课》《小学系列班会课》的过程中，我逐渐认识到主题班会耗时长、设计难、操作累的问题，一定程度上影响了它效能的发挥。于是，我组建了专门的创作团队，着手研发可以"短、平、快"解决问题的微班会，作为主题班会的有效补充。

何谓微班会？

彭敦运教授认为，"微班会"是以微视频（十分钟以下）为主要载体的后延性班会，它以一个短小视频提出主题而引发讨论，并利用学习单，引领学生跟踪主题，自主探究，最后达成班会的教育目标。所谓主题，就是微班会要表达的中心思想，微视频是突出这些中心思想的影像材料，而学习单则列出班会后需要学生自主探究完成的"任务"。例如，我曾在网上见到这样一节微班会：

为了配合全社会开展反浪费、反大吃大喝的"光盘行动"，某班举行过这样的微班会:同学们将第一个镜头对准了碗里的一颗饭粒,然后移动着扫描大群吃饭的学生,最后定格在泔水桶……班主任并没有使用"触目惊心""浪费惊人"这样的词语,只是在《锄禾日当午》的背景音乐中,以学习单的形式留下了探究的问题:13亿人每人丢弃一粒米,能供1个人吃几天?如果13亿人每人浪费1两粮食呢?同学们都进行了计算,迁移了问题,拓展了讨论,写出了不少感人的文章,并上传到班级博客。出乎意料的是,微班会催生了更多反浪费的帖子,跟帖与评论达四千多条,引发了好几个月的热议。

这类班会可以理解为狭义的微班会。这类微班会普及有难度:首先技术是个大问题,处理信息、编剧、导演、拍摄、剪辑需要投入大量精力学习;其次,显示终端、投影仪、录像机、校园网等相关硬件需要配备……如果相关条件不成熟,科技附加值极高的微班会不易走进班级。

其实,如果我们把视阈放宽一些,不局限于"微课"的内涵来界定微班会,而是广泛借鉴微博、微信、微电影、微讲演、微对话、微体验等的运作方法,微班会的形式和内容就会丰富起来。

我认为,广义的微班会是指一种针对性强、花费时间少、解决问题及时、场地不受限、自由灵活的面向集体的教育形式。它具有以下几个特点:

近:所用素材发生时间近。

小:时间短,长则十分钟左右,短则一两分钟;省时省力,性价比高。

亲:以学生为主体,贴近学习日常生活实际,远离假、大、空,令人倍感亲切。

活:形式灵活,内容鲜活。

实:切切实实解决问题,不虚浮,及时,速度快,好操作,讲实效。

趣:有意思,好玩儿,符合学习心理认知能力和年龄特点。

微班会分类很杂,我认为可以概括为两大类型——预设与生成。

预设是指"预先设置"。凡事预则立，不预则废。老师在会前必须对微班会的目标、任务和过程有一个清晰、理性的安排，会上也需要按预先设计开展活动，以保证活动的计划性和效率性。

生成，这里指"生长"和"建构"，是根据微班会本身的运行状态而灵活演绎的动态过程。引发动态生成过程的因素和情景无法预见，这就要求微班会要改变传统德育固定不变、按部就班、机械僵化的模式，须构建生成性、探究性的活动过程。

预设与生成是辩证的对立统一体，微班会既需要预设，也需要生成，预设与生成是微班会的两翼，缺一不可。预设体现对文本的尊重，生成体现对学生的尊重；预设体现微班会的计划性和封闭性，生成体现微班会的动态性和开放性：两者具有互补性。

微班会教案可以这样撰写：为方便分享，须交代清楚背景、目标、准备工作及实施过程。至于过程中的导入和总结可有可无，依具体情况而定。生成性的微班会，有时准备工作也来不及，可以略掉这个环节。

微班会的设计与实施须遵循一些基本的方法和技巧，而微班会研究处于起步阶段，缺乏系统的操作方法。于是，我依托全国名班主任工作室——8+1工作室，组建"8+1工作室微班会项目研究小组"，在QQ群里展开互动，在项目组伙伴精心创作的微班会案例的基础上提炼概括了十种方法：运用恰当素材、捕捉教育契机、创设德育情境、增强活动体验、植入学科教学、开发微小时段、及时总结评价、融合心理技术、巧借八方力量、预演模拟过程。（详见本书"技巧篇"）

这种分类方法不一定完全符合学术规范，也不可能穷尽微班会设计与实施的所有技巧，但在《德育报》2016年月末班会专刊前五期连载了相关文章，加之我行走全国的讲学活动中的推广，竟引起了很大反响，老师们纷纷索要文字材料。为了方便大家互助学习，藉由此书分享我们的浅见，与有志于微班会研究的同行一起努力，让这道新风景愈加显示出迷人的魅力。

为了方便读者阅读，本书在体例上做了以下尝试：

第一部分为"技巧篇"，呈现了微班会设计实施的十种方法。理论简易、案例典型、好学好用，让读者不仅能体会微班会之美，还能习得微班会之技。

第二部分为"实战篇"：

以实录形式呈现：尽可能真实地还原案例中师生的反应和细节，便于读者揣摩借鉴。

按主题分类编排：本书55个案例均精心挑选，并细致编排为节庆纪念教育、学习方法导航、拼搏动力激发、纪律要求渗透、人格品质培养、综合能力提升、人际交往指导、心理健康辅导、课堂搅局化解、健康饮食科普、活动策划实施等11个主题，方便读者在同一主题内以不同的视角对微班会进行研读和感悟。

尽可能短小精悍：体现班会之微、切入之准、操作之便、创意之新。

尽可能广接地气：话题源于一线，场景典型，解决问题有效，可借鉴性高。

方法点拨明诀窍：指出课例老师使用的班会技巧，点明优劣，并给出同类事件的参考方案。

多版本实践假设：点评中以案例为原型，拓展出不同版本的实践假设，在鲜明对比中让读者领悟微班会的真谛。

思维导图更清晰：每个案例后均附有思维导图，既使案例内容及点评一目了然，又可作为阅读后的便捷索引。

秦　望

2018年10月于河南济源

技巧篇
如何让微班会富有创意

运用恰当素材

素材的恰当运用能够有效地提高微班会的吸引力和感染力。一句名言、一副对联、一首诗、一个桥段、一个故事、一篇美文、一张图片、一段小视频、一个幻灯短片,以及班级、家庭、社会中发生的热点问题,皆可成为微班会的素材——

文字类素材在师生绘声绘色的诵读中,令人怦然心动;

图片、视频、幻灯片等素材具有直观教育的功能;

热点问题会激发学生的兴趣和求知的欲望。

在科技高速发展、文化丰富多元的今天,学生获取信息的方式发生了很大的变化。图片和媒体形式的恰当使用,势必会增强教育活动的效果。"当代文化正在变成一种视觉文化,而不是一种印刷文化",读图时代已经到来。生动形象的视觉符号和浅显直观的表意冲击显然比单纯的文字更能吸引青少年的眼球。

在自己的班里,我经常给学生播放公益广告、微电影以及网上搜集到的各种小视频,并加以简单点评,往往会收到意想不到的效果。

案例　做优秀的女汉子

背景 >>

加入学生创建的QQ群一看,女生的昵称前都加上了"女汉子"三个字!有些女生也许是受这昵称的影响,行为变得另类,甚至有些粗鲁不文明——她们想当女汉子,却不知道什么是真正的女汉子。

> 目标 >>

让她们真正了解什么才是真正的女汉子，如何成为受欢迎的女汉子。

> 准备 >>

网上搜索女汉子的定义、桥段及卡通图片。

> 过程 >>

师：（开门见山）女汉子们，关于女汉子我有话要说。

（学生们露出疑惑的表情。）

师：我是比较喜欢女汉子的。

（女生们欢呼。）

师：女汉子是什么？"生是女儿身，饭量大如山，下厨产砒霜。行李自己扛，从来不化妆。神经超大条，粗如水缸状。尼玛口头挂，卧槽是日常。"刚才这段话可是有些人的真实写照啊！

（女汉子们起初还在哈哈大笑，随后就低下头红了脸。）

师：请大家讨论一下，女汉子不应该有上面提到的哪种行为？

生：语言粗鲁无礼实不应该。

师：我们来看一看网上对"女汉子"的一种定义：女汉子，是指内心强大、个性坚强的一类女性。它形容女性大大咧咧、个性豪爽、不拘小节、独立、不怕吃苦，注重自力更生，不爱依赖他人，不喜欢求助，不太注重自己在别人眼中的形象。

生：（惊呼）哇！都是赞扬的词语。

师：本来就是嘛，女汉子就应该是这样的，你们愿意成为这样的女汉子吗？

生：愿意！

师：是啊，个性豪爽不拘小节，但礼貌有加、自信自强。老师希望班里有更多这样的女汉子。

（女生们点头同意我说的话。）

师：咱们来看一张卡通图片。

（图片中是一个女孩子，很漂亮，有着一头长发。标题是"男生眼中的女汉子"。图片四周有注释：外表干净利落，不化浓妆。思维活跃，神经大条。肤色健康，总是开怀大笑。心胸宽阔，不记仇。勇敢，喜欢户外运动。可以自己换灯泡，修自行车。）

师：此图出自某贴吧里的一条神帖，此帖一出，引得众人跟帖，不少女生自称就是女汉子，还有不少男生嚷着"喜欢女汉子""希望找一个女汉子做女朋友"。看来这样的女汉子是非常受人欢迎的。

（班级里的女汉子们激烈地讨论起来，决定要做真正的积极的女汉子，受人欢迎的女汉子。）

师：（总结）大家都明白应该做一个什么样的女汉子了，女孩子自称"女汉子"说明她们希望独立，不愿意按照社会的标准来约束自己，不想随波逐流，能够这样自称，其实是心理健康的表现。但不能什么都以女汉子自居，如果为了当女汉子而丢失了女性的特点就不可取了。女性本身的优点有温柔、体贴、善良、内敛、含蓄、踏实、细心等等，不能为了当女汉子而全盘否定这些优点。女汉子再加上女子特有的优点，堪称完美啊。

（女汉子们和男汉子们一片欢呼！）

（8+1工作室　刘强）

这个案例对三个素材进行了恰当的拼接组合。

第一个素材：桥段反讽，在轻松幽默的氛围中让学生感知女汉子的负面形象。

第二个素材：正面定义，通过正面引导让学生明确什么是女汉子。一反一正两个素材，对比鲜明，选择恰当。

第三个素材：图片强化，用学生普遍欢迎的卡通图片传递信息，生动形象，再次强化了女汉子的阳光形象。

最后，教师进行总结，引导女生明确要做什么样的女汉子。可以看出，能够达到理想的育人效果，离不开教师对素材的恰当运用。

有一年临近高考，很多同学坚持不住了。班里有个中等生哭着来找我：

"老师,我已跟你学习三年,还有100天就高考了,昨天数学模拟考试,我只考了73分(满分150分),而我同桌,经常睡觉,却考了130分,你说我是不是有点儿笨啊?"

面对这样的哭诉,我该怎么办呢?

版本一:空口无凭。

我告诉学生:"你在老师眼中是最聪明的学生,只要继续努力,努力,再努力,你一定能考个好大学!"

如果我这样回答她,恐怕我自己都会额头冒汗吧?

版本二:植入素材。

我问她:"孩子,你听说过一种植物——毛竹吗?"她摇头。我便给她讲了毛竹的故事:

在我国南方湘粤一带,生长着一种毛竹,漫山遍野,质地平凡而拙朴,在它生命最初的四年里,确实很平庸,人们几乎觉察不到它在生长。在别的竹类争先恐后攀比高度时,毛竹似乎一点都不动声色。但是,当第五年雨季到来时,毛竹像被施了魔法一样疯长,迅速达到20余米的高度,在六个星期内就完成了它一生所要达到的高度,把它的同类远远地甩在身后,创造了属于自己的神话。

我再问她:"你用一个词帮老师总结一下,这叫什么呢?"她想了想说:"这叫厚积薄发。"

我说:"是啊!寻本究源,毛竹最后的快速生长,所依赖的就是前四年的日积月累,它以一种不易被人发觉的方式向地下生根,在四年时间里伸展根系。积微成著,蓄势厚发,才造就了毛竹的一柱擎天。毛竹蓄势后的薄发,源于基础的深厚、稳固。正是因为在无声中积聚了破土而出的力量,才有了毛竹喷薄而出的奇迹。"

后来,我到班里查看,发现她的课桌左上角贴了一张毛竹的图片。

你看,有了故事素材的介入,效果是不是就好多了?事实上,我们还可以更进一步。

版本三：素材加工。

我改编了这个故事，一句话配一张图片，并配上音乐，在全班播放：

那里的农民到处播种，每天精心培育

种子萌芽，即使几年来农民每天精心照顾

毛竹仍然是又矮又细

别的地方的人看到这种情景，摇着头表示完全不能理解

第五年雨季来临，毛竹开始疯长

只需六周就长到20余米

看起来这六周间发生了不可思议的变化

其实之前的四年间，毛竹已将根在土壤里延伸了数百平方米

我们身边也有这样的人

即使拼了命去努力也看不到成果，即使不被人知道也坚持到底

也许有人会认为他们很不幸或者认为他们是傻子

但他们并不是不在成长，而是在扎根，很深很结实的根

等到时机成熟

他们会登上别人遥不可及的巅峰

也许你现在做的事情看不到成果，但不要害怕

你并不是没有成长，而是在扎根

为什么要对素材进行加工？因为这个故事很多学生看过，如果只讲故事，效果有限。但若制作成图文配乐的幻灯片，在悠长婉转的音乐声中，将毛竹生长的过程演示出来，再加之声情并茂的朗读，就会对学生产生极大的视听冲击，教育就这样发生了。

附1　班会素材积累之"五化"

恰当的素材源于丰富的日常积累。素材的积累和学科教学经验的积累一样，是需要修炼一生的功夫。

若存储在电脑、移动硬盘中或剪贴的素材杂乱无章，日后用时且不说调取，恐怕连找到都难，因此需要较为科学的分类。我曾在《教育时报》上发表过一篇小文，分享了班主任做素材积累时可以遵循的五个策略：

①工具化。工欲善其事，必先利其器。我们先要准备一些工具：网络资源无比丰富，准备一台电脑，上网时可随时搜集素材；两个软件（下载软件与剪辑软件），对搜集到的素材进行下载与处理；一部相机，随时抓拍转瞬即逝的光影；一支录音笔，对随机讲话、对话进行录音以备日后整理；一部手机，它有上网、拍照、记事等多种功能，且携带方便；移动硬盘或网盘，把素材随时存储到里面；一个记事本、一把剪刀、一瓶胶水、一个剪贴本、一打荧光笔、一台复印机，阅读报刊时随时剪贴复印，头脑中的灵感也能随手记录。素材积累随时发生，如果不能及时捕捉，可能就如泥牛入大海，着急用时却无处追寻。

②科学化。对于素材，我是这样分类的：按素材形式可以分为视频、音频、图片、文字、课件五类，每种再细分若干类；按主题内容分为关爱、感恩、励志、习惯、修身、学习、人际、爱国、心理、活动十类，然后再细分。由于所处学段不同，所需素材有别，以及个人习惯不同，每个人素材分类的方法有别，适合自己的才是最好的。

③生活化。留心日常生活，会极大拓展素材积累的途径，素材无处不在，关键在善于挖掘、及时存储。

④合作化。一个人的力量是有限的，可以联合几个老师或团队分工搜集整理，这样能在更短的时间内积累形式多样内容丰富的素材。关键是要形成合作机制，比如哪个人负责哪个电视栏目、哪个网站、哪个微博等，个人选材后归入团队素材库，这样可以极大提高素材积累的效率。

⑤案例化。积累的素材运用时要写成实录，这是对素材的利用与固化，为如何使用素材提供样本。

附2　按形式和内容科学分类

素材形式：

视频：精彩栏目（《开讲啦》《大家》《变形记》《心理访谈》《新闻周

刊》《世界周刊》《面对面》《走近科学》《艺术人生》《状元360》《高端访问》《大家看法》《子午书简》《职来职往》《杨澜访谈录》《超级演说家》等）、网络下载（演讲、视频歌曲、公益广告）、影视剪辑、班级录制。

音频：音乐、朗诵、演讲。

图片：自然风光、人物风采、社会万象、班级相册、照片、大学大门、图画、漫画。

文字：名言、警句、寄语、标语、对联、誓词、诗词、散文、故事、书籍、技巧、案例、论文、讲稿、学法、表格、班级日记、学生周记、班级史册、时事评论、网络热点、政策文件、班会案例（班级会议、班级活动、主题教育、系列班会）。

课件：讲座、班会、其他。

主题内容：

关爱：自己（健体、安全、网瘾、法制、禁毒）、亲密人、陌生人、动植物、地球、人造世界、思想。

感恩：父母、老师、朋友、祖国。

励志：责任、奋斗、理想、自强、坚持、勇敢、青春、哲理、考前动员。

习惯：学习、生活。

修身：做人——善良、正直、诚信、节约、幽默、文明、守礼。

学习：学法指导、心理状态。

人际：友谊、爱情。

爱国：社会主义核心价值观、国家成就、民族精神、国家关系。

心理：生涯探索（了解自己——性格、兴趣、气质、价值观，了解大学与专业，了解职业）、生涯规划（目标与理想）、生涯准备（敬业精神、学习能力、人际交往、时间管理、创新思维、团队合作、心理能力、表达能力）。

活动：团体游戏、旅行。

捕捉教育契机

教育契机，是指在教育过程中事物发展或一事物转化为他事物的关键环节。教育契机可以分为可预见性教育契机和偶发性教育契机。

可预见性教育契机是指在固定的时间固定发生的一些事件，这些事件学生事先并不知晓，但教师却能凭借多年的经验做出预案，比如新班组建、文理分班、重大考试、节日庆典、外出活动等等。

偶发性教育契机的出现是无规律的，往往是稍纵即逝的，这就要求班主任要善于敏锐地去识别，及时捕捉学生的兴趣点、兴奋点、情感点、求异点、变化点、荣辱点、利益点、低潮点、矛盾点、敏感点、闪光点、共鸣点并加以利用。

偶发性教育契机具有突发性、冲击性、急迫性等特点，这就要求班主任要做到沉着冷静、机智果断、正确疏导、有的放矢。若能抓住良好的契机，微班会往往可以取得意想不到的效果。

案例1 改分

背景 >>

小强只考了29分。一拿到卷子，他就叠起来，塞到桌子里，并悄悄跟同桌田静说，自己考了92分。"老师，老师！"同桌喊起来，"小强说他考了92分！"这时，所有的目光——惊疑的目光，都聚焦在小强正忙着的黑乎乎的小手上。小强停住了，有些惊恐地看着我。

> 目标 >>

保护小男孩儿的自尊心，教育全班。

> 过程 >>

师：（先对田静）你不要管人家的分数好不好？

师：（转向小强）谁说我们考不到92分，对不对？

（小强笑了。）

这是一个偶发性的教育契机，老师没有充足的备课时间。一般情况下，老师可能会把小男孩儿批评教育一番："小强，考29就考29呗！撒什么谎？说自己考92，你怎么不说考了100呢？到后面站着。"

可我们稍加思考就会意识到：小男孩儿改分的背后，其实是对优异成绩的渴望，是有上进心的表现。如果按照一般的方式来处理，小男孩儿可能会受到深深的伤害，从此不学这一学科了，课下还可能受到同学的歧视和攻击。

因此，我们需要先给这堂微班会确定一个明确的目标："保护小男孩儿的自尊心，教育全班。"确立了班会目标，我们无论怎么发挥都不会出现大的方向偏差。先对田静说一句"你不要管人家的分数好不好"，后转向小强说一句"谁说我们考不到92分，对不对"，一场令小男孩儿惊恐万分的课堂危机就这样风轻云淡地化解了，小男孩儿的自尊心得到了保护。他笑了，全班同学也受到了一次心灵的洗礼。

这就要求我们应该时刻怀揣善意，尽可能对在班级中面临的每一件小冲突进行艺术化解。只有每个孩子都感觉到在班级里受到重视、不被忽略，班级才会像家一样温暖。

当然，具备这样的能力和意识并非一日之功，需要班主任长期修炼。

案例2　我们是一个团队

背景 >>

周三下午的形体课后，我到教室等孩子们从功能室回来，可迟迟不见孩子们的踪影。十分钟后，孩子们才三三两两地跑回教室。我问："怎么这么晚回来？"孩子们异口同声地说："有四个小朋友上课不听话，我们全部都被罚站了，腿都酸了！"这还了得，都严重到"株连九族"了。我大概知道是哪四个小朋友，一问，果然和我猜想的八九不离十。于是琢磨着：明天早读不上了，来和孩子们聊聊这件事儿吧。

目标 >>

让孩子们知道错在哪里、为什么不能这样做，并从同理心出发，让犯错的孩子听听一同被罚学生的心理和身体感受。

准备 >>

主题：回避批评教育，从同理心出发，聊聊"团队"这个话题。
素材：一个非常有趣的有关团结协作的小动画片。

过程 >>

（我在黑板上板书"团队"这两个字。）
师：谁认识这两个字？
（孩子们不知道我葫芦里卖的什么药，积极得很哪！）
师：什么是团队？
生：团队就是一个大的队伍。
生：我们一（4）班就是一个团队。
生：团队要团结。
（哇，聪明的孩子，一下子就提到了要聊的话题核心，我心里窃喜。我又板书"团结"。）

师：还有呢？一个团队还需要什么？

生：互相帮助。

生：互相关爱。

生：理解。

生：友善。

（我一一在黑板上板书。我暗想：小家伙们很懂得哪，个个都是人生哲学家啊！）

师：是啊，大家都明白。徐老师想了解一下昨天形体课上发生的事。（孩子们积极举手，跃跃欲试）不过，我想把这个权利交给昨天被形体老师批评的四个小朋友，请他们详细说一说。

（四个孩子轮流说，一个是推别人，另外三个是在舞蹈教室里离开队伍乱跑。）

师：请大家帮忙分析一下，为什么会出现这样的情况？

生：不听老师口令。

生：注意力不集中。

师：那要如何避免这样的情况？

生：竖起小耳朵专心听老师讲课。

生：要认真听老师的口令。不能离开自己的队伍。

师：是的，学会控制自己的情绪和行为，心里要有一个声音提醒自己：不能乱跑。

生：不能影响别人。

师：一说到不能影响别人，那徐老师要采访一下大家，你们昨天一同被罚时，心里是什么感受？（从同理心出发，让犯错的孩子听听大家的心声。）

生：难受。

生：伤心。

师：那你们的身体有什么感觉？

生：一直站、一直站，腿都酸了。

生：腿酸得都快断了。（很好，会夸张，需要这样的效果。）

师：我再来问问那四个同学，你们知道自己错在哪里了吗？

生：不该乱跑，不该推人，不该不听老师的口令。

师：既然认识到错误，最重要的是什么？

生：改正错误。

师：你们会原谅他们吗？

生：会！

（让大家原谅犯错的孩子，也是对犯错的孩子自尊心的保护，同时在全班建立情感联结，让孩子们在一个温暖的团队中成长。）

师：也请这四个小朋友跟大家道歉。

（四个小朋友道歉。）

师：如果他们以后还犯这样的小错误，那徐老师怎么办呢？（全班头脑风暴，帮老师想惩罚措施，已经是班里的一个惯例。）

生：罚打扫。

生：放学后留在学校。

生：取消上形体课的资格。

……

（大家商量后决定，取消一节形体课的资格，让他们帮助班级整理图书。）

师：再回到我们刚开始说的，一个团队需要友善、互相帮助、团结合作，徐老师请大家欣赏一个动画片。

（播放动画片。）

师：从动画片里，你们看懂了什么？

生：螃蟹团结合作，才打败了大鸟，很搞笑地用钳子把鸟毛全部剪掉了。

生：蚂蚁合作，才没有被食蚁兽吃掉。

生：企鹅也合作了，引导鲨鱼撞到冰块上，撞晕了。

（生哄堂大笑。）

师：是的，老师也希望我们班成为一个懂得团结合作的团队。

（8+1工作室　徐静）

"株连全班"是我国校园里的普遍现象：班主任碍于同事情面，对此做法往往不便置评，只能在自己的职责范围内在学生的行为上做文章。于是徐老师准备抓住这个机会，对学生进行团队意识教育。她定的班会目标是：让孩子们识错、悟错，并从同理心出发，让犯错的孩子听听一同被罚的学生的心理和身体感受。

虽然这仍是一个偶发性的教育契机，但由于不需要当场处理，徐老师争取到了足够的时间在主题和素材等方面作相应的准备。在这堂微班会中，徐老师并没有对犯错的孩子进行训斥，而是以一种和善而坚定的态度请他们向同学道歉，也让大家共同提出解决问题的方案。这种基本态度的牢固确立，是一切教育得以有成效的前提。当孩子心怀抵触的时候，惩罚和简单训斥只能激化师生矛盾，教育关系会变得对立甚至破裂。

想让学生专注地解决问题，并在解决问题的过程中形成对自己能力的信念，就需要给孩子们营造一个安全的环境，使他们能够在没有成败评判——责备、羞辱或痛苦——的氛围中探索自己的选择和行为的后果。这里有一个微妙的尺度把握，教育之所以成为艺术，盖因如此。

班主任生活在学生中间，随时随地都会有一些事情发生，这些事情恰恰是班主任教育学生的契机，微班会随机可以生成。但随机生成微班会对老师提出了极高的要求：正确的教育理念、深厚的学养、机智灵活的现场组织能力、敏锐的洞察力，以及能够在短时间内把握问题的本质，把学生思维导向正确的轨道。这一切都需要老师长期修炼。这是最难操作的一种微班会类型。这就需要班主任在日常的班级管理工作中保持神经敏锐，要有迅急的"手"，善于捕捉；要有睿智的"脑"，善于思考；要有能言的"嘴"，善于鼓动；要有灵活的"脚"，善于走进学生。

创设德育情境

建构主义认为,学习总是与一定的情境相联系的。

从广义上理解,情境是指作用于学习主体,令其产生一定的情感反应的客观环境。良好的学习情境,可使学生在探究的乐趣中激发学习动机,使他们全身心地参与到学习、探索知识中;也可使学生在美的情境中更充分地发挥主体作用,使思维能力得到更充足的发展。

从狭义上理解,情境则是指在学校德育环境中,作用于学生而引起积极学习情感反应的德育过程。

创设德育情境,是指教师创设或利用一种与德育要求相一致的、"自然真实"的情境,并"随风潜入夜",引导学生入情入境、积极参与,最大程度地发挥其主体作用,以期达到"润物细无声"的德育效果。

实践证明,创设真实、生动,能满足学生成长需求的情境是提高微班会有效性的重要途径。

案例1 (关于)一个苹果的班会

背景 >>

一个普普通通的苹果,我却用它开了一节班会。

目标 >>

让同学们认识到小错误要及时改正。

> 过程 >>

（那天，我拿着一个有个小斑点的苹果走进教室。）

师：（边走边说）同学们，把你们观察到的记录一下，然后写一下自己的体会和感悟。

（我慢慢地从每个学生身边走过，让他们有足够的时间观察、记录，写下自己的心得体会。学生丈二和尚摸不着头脑地观察着。转眼过了一周。班会课上，我又拿着上次那个苹果走进教室。）

师：同学们，你们今天再好好观察一下。

（许多学生惊讶地发现：这只苹果已经开始发霉，几乎溃烂了一半。看到大部分学生都若有所思，我揭开了班会主题——）

师：再小的错误也能变成大错误。就像大家观察到的那样，这个苹果最初只有一个小斑点；但一周之后，半个苹果都发霉、溃烂了。

师：第一次犯错误，叫作经验错误；第二次犯错误，叫作能力错误；第三次犯错误，叫作道德错误。犯一次小错误并不可怕，可怕的是不知悔改，日积月累，就会造成无法挽回的大错误。

（学生们信服地点了点头。我知道，他们已经记在了心底。）

（摘编自《班主任》2014年第7期，孙鹏飞同名文章）

这样创设情境的微班会，既能鲜明地表达老师的观点，达到教育目的，又能让学生记忆深刻，远比苦口婆心的说教更有说服力。

案例2 教室还是菜市场？

> 背景 >>

下午前两节政治连排课，政治老师去听学术报告了。历史课代表到我办公室送作业，向我抱怨道："老师，咱班下午自习课可乱了，你管管吧！"我一惊，从视频监控上调出信息，果真一片混乱：说小话者有之、互背检查者有之、换座者有之……安静的自习课一片混乱。真令人难以容忍，居然有人那么肆无忌惮，简直把教室当成了菜市场。这次非得严加整顿不可。

目标 >>

让学生认识到违纪的严重性，提高自习课的自我约束意识。

准备 >>

导出监控中的视频片段并保存。

过程 >>

晚饭后，我在班级等候，学生们陆续到班，看基本到齐了，我才开了口："请大家欣赏我们班的自习场景，看看，这是教室还是菜市场？"

学生们看到自己的种种行为暴露在视频监控器下时，不禁大吃一惊，"那真的是我吗？"最后，有 11 位同学自觉站了出来面壁反省，并写出 1000 字自我反省书。

后来，我把这个短视频发到了班级家长群里，家长们纷纷给以回复，对这种现象表示吃惊。有的家长写道："从小到大，我的孩子都不太用我操心，但有一点我一直不明白，他的成绩怎么就起色不大呢？看了视频后我明白了。"老师们也参与进来讨论。我把家长的回复再复制给学生看。

以短视频为载体的高度情境化的"微德育环境"，使微班会具有了视频会议的特征，而且引发后续讨论，起到了与主题班会同样的作用。学生自习课违纪，很多时候是一种无意识行为，当你问学生时，他们总是一脸无辜的样子；而播放视频后，他们也大吃一惊，对自己的所作所为有了一个直观的认识。而与家长的互动形成了一个维基式问答，供师生品评，绵延放大了教育影响。

我们还鼓励学生把日常生活中的故事录制下来，放到班级 QQ 群和微信群，把老师家长全都卷入一个网络生态环境，大家提出一个个问题，构建一个个"学习单"，通过网络把现实生活联接起来，大家在网络上一起品评共同的生活。

增强活动体验

在日常生活中，我们经常遇到这样的困惑：我们告诉学生的道理，其实他们都懂，可他们就是不做。这是为什么呢？

有人说，我们的讲话属于"告诉式"德育，只是浅层的信息"流经"学生的大脑，并未唤醒他们情感上的认同。如果学生的品德形成只停留在知识性的构建，缺乏情感体验和认知感悟，则必定会妨碍他们从道德知识到道德观念和道德信念的构建。听到的容易忘记，看到的印象不深，而只有通过切身体验而获得的认识和感受才会刻骨铭心。

那么，什么是体验呢？

体验教育就是教育对象要在实践中认知、明理和发展，这里的"体验"至少应包括两个层面，即行为体验和内心体验。

行为体验，也称为"亲验"，是一种亲身实践的动态过程，它是学生发展的重要途径。内心体验，也称为"想验"，是学生在行为体验的基础上所发生的内化、升华的心理过程。

体验是通过感受、情感与态度、直觉与顿悟、理解与感悟来促进学生品德的形成和发展的。受教育者是体验的主体。农民的辛苦，只有体验者自己当过农民后才真知；家长的难处，只有孩子自己当了家长才真知；干部的苦处，只有学生自己当了干部才真知。体验活动中，体验者无法借助任何中介，必须直接参与，他人无法代替。

囿于国情，学生并没有大量参加实践的机会，但我们可以采用替代性方案，通过角色扮演和移情体验来实现。

角色扮演也叫扮装游戏，是一种人与人之间的社交活动。在活动中，扮演者暂时充当他人的角色,并按照这一角色所要求的规范和态度行事。参与者通过对角色的扮演,可以获得快乐、体验以及宝贵的经历,增进对他人社会角色及自身原有角色的理解,从而更好地实施自己的角色行为。小孩子经常玩的"过家家""警察抓土匪"等游戏就是角色扮演的常见种类。角色扮演具有虚拟性、互动性和易实施性。

移情体验就是能设身处地地站在他人的角度,理解和欣赏对方的感情。它作为一种心理品质,对一个人形成良好的人际关系和道德品质,保持心理健康,乃至走向成功都有着重要的作用。移情体验中的"他人"既可以是真实的他人,也可以是想象的、假设的他人。

案例1 创意生日会

背景 >>

班干部跟我反映:"老师,我们班同学只知道学习,班级缺少温情,有点冷冰冰的。"我说:"只有学习没有活动的班级是不会形成一个集体的。"经过大家策划,决定利用课前一支歌的十分钟时间,给每一个当天过生日的同学送上祝福。

目标 >>

让同学们感受到家的温暖。

过程 >>

在主持人的带领下,大家把"小寿星"围在中间。

第一环节:合唱生日歌。

第二环节:优点大轰炸。过生日这一天优点集中"曝光"会让"小寿星"感受到,原来自己给同学们的印象这么好。

第三环节:送祝福、送拥抱、送歌。诸多暖心活动让"小寿星"温暖不断,感动连连,还顺带化解了日常生活中的很多小矛盾。

第四环节:"小寿星"谈感言。

学生之间情感淡漠，年轻的老师可能会无从下手；但经验丰富的班主任知道，可以通过组织各种大小活动来改善。举办生日会就是一种有效的形式：

通过搭建十分钟生日会平台，同学们有了一个交流的机会。每位"小寿星"都能在生日当天收到同学们对他的祝福和肯定，使他感受到班级的温暖，爱班的情感得到升华。因为这个十分钟的生日会，班级变得更像一个温暖的大家庭，集体的凝聚力就在不知不觉间增强了。一名同学在毕业回忆录上写道：

生日会上的我们应该是最天真最开心的吧，那时我们都会放肆地大笑，甚至提出一些近乎无理的要求，而这些都会被原谅，这都是我们日后弥足珍贵的回忆。我们举办的生日会不仅是我们表达友情、发泄情绪、缓解气氛的一种方式，它还承载了更多的内涵。许多误会在生日祝福语中被解开，朋友重归旧好；许多真情在此刻流露，让人泪光闪闪；感恩也在此刻进行着，大家一起享受着感动。我们的生日会让我们听见了许多不一样的声音，看到了许多以前不曾见过的真情。在生日会上最令人难忘的是从眼眶里一不小心滑出的泪水，它代表心灵的震颤，我们的真诚在每个人的心里划出一道彩虹，花在瞬间绽放，爱在顷刻永恒。

如果没有这个平台，同学的生日不会过得这么隆重，很难留下深刻的心理体验。

案例2　大家的东西一起用

> 背景 >>

在宿舍中有人经常乱用别人的东西，有的学生为此很苦恼。

> 目标 >>

教育学生在宿舍不乱用同学东西。

> 准备 >>

我让几个学生扮演不同角色,排练了一个小品。

> 过程 >>

一男生大汗淋漓匆匆走进寝室,顺手抓起一条毛巾擦脸上的汗。边上一位同学欲言又止,满脸无奈地摇摇头叹了一口气,小声嘟囔:"干吗不用自己的毛巾?真不怕传染病。"

只见该男生又把头扎进脸盆,顿时水花四溅,淋到同学身上。接着又顺手抓起一瓶洗发水,咕嘟一下倒出一捧。边上男生一脸鄙视的表情,小声说道:"不是自己的东西不心疼。"

学生一片大笑。原来,"受害者"的扮演者就是那位乱用别人东西的同学,他的室友则在剧中再现了他日常的不良习惯。在同学们的一片笑声中,他体验到了自己给同学带来的困扰。

在以上两个案例中,我在试图改变学生态度时,并没有说教,而是采取体验教育的方式,让学生在真实的体验中获得切实的感悟,并引导他们的情感指向,实现道德移情。

植入学科教学

学科教学是教育活动的主阵地。当代德育提倡全员德育，而全员德育的重要平台在课堂：数学的思维之美，物理、化学、生物等实验课的现场演示，语文、历史、地理、艺术等学科的感染力，都是德育的宝贵资源。如果能实现班级建设与学科教学融通，则可以极大提高班级建设水平。班主任要有整合意识，把学科教学作为班级工作的重要资源、引领学科教师走出学科知识中心主义，充分运用微班会实践介入班级建设。

案例1 每天多努力一点点

背景》

数学课上，在让学生了解指数的几何级变化的时候，我给学生上了一节关于"成功就是多努力一点点"的微班会。

目标》

让学生进一步认识"成功就是多努力一点点"。

过程》

师：（展示算式）请同学们计算：1.01 的 365 次方和 0.99 的 365 次方分别等于多少？

生：（计算得出结果）1.01 的 365 次方等于 37.8；0.99 的 365 次方等于 0.03。

师：（解读）365 次方代表一年，1 代表每一天的努力，1.01 表示每天多做 0.1，0.99 代表每天少做 0.1，365 天后，一个增长到了 37.8，一个减少到 0.03！

师：（展示算式）请同学们再来计算：1.02 的 365 次方和 0.98 的 365 次方分别等于多少？

生：（计算得出结果）1.02 的 365 次方等于 1377.4；0.98 的 365 次方等于 0.0006。

师：（解读）这说明，每天只比你努力一点的人，其实已经甩你很远。

（同学们看到这样的公式，除了感受数学公式之美，也明白了努力与不努力的差距，惊奇不已。我又让学生算一些相对简单的算式。）

师：（展示算式）请同学们算个简单的算式：1.1 自乘十次之后，答案是多少呢？

生：（计算得出结果）答案是 2.85。

师：（解读）假如每天进步一点点，日积月累，不断地进步，那么"乘以 10 次"之后，就变为 2.85。那么，如果每天退步一点点呢？

师：（展示算式）请同学们算一算，0.9 自乘十次之后，答案是多少呢？

生：（计算得出结果）0.31！

（学生对这个答案更吃惊！）

师：（解读）如果每天懒散一点，懈怠一点，没有目标，无所事事，你就会不断地退步。这就是积极与懈怠带来的截然不同的命运！

师：（展示算式）请同学们再来比较一下："1.013 × 0.992 > 1.01" 和 "1.013 × 0.992 < 1.01" 这两个不等式，哪一个正确？

生：（比较得出）两者的乘积是 1.0098，小于 1.01。后一个正确。

师：（解读）1.013 就像是三天打鱼，0.992 相当于两天晒网。如果你努力三天，然后再懈怠两天，得到的结果是 1.0049，这说明，"三天打鱼，两天晒网"的结果就是进进退退，无法取得持续的进步。

（连俗语都用上了，学生更加印象深刻。）

（8+1 工作室　刘强）

教育无处不在。数学课似乎跟德育不沾边儿，但刘老师却用心地为这节指数函数课注入了德育的内涵，学生在感受数学公式之美的同时，心灵也受到了深深的触动。

案例2 我的幸福观

背景 >>

本人教高中化学，一日上课，准备讲的内容是"化学平衡"。但是走进教室，发现很多学生精神状态不佳，趴在桌子上睡觉，个个都是一副疲惫不堪、没精打采的样子。于是，我准备对学生进行一番"教育"。

目标 >>

让同学们珍惜当下的幸福。

过程 >>

师：讲课前先问你们一个很俗的问题——你们幸福吗？

（"唉！"学生们传来一片夸张的叹气声。）

师：你们为什么不幸福啊？

生：整天除了学习还是学习，作业做不完，觉也睡不醒，太累太苦了，何谈幸福啊！

师：（停顿了一下）我不想给你们讲人生如何吃苦奋斗的大道理，我只想告诉你们我对幸福的理解。

（学生们一听，来了精神。）

师：人要想生活幸福，最重要的不是物质或名誉，而是心态。当你遇到问题，尤其是当你觉得不幸福或是感觉很苦很累很消极的时候，记住"平衡"二字——如果在高中你们能从我这里学到"平衡"二字的意义，我也不枉当你们的老师。

生：（眼睛放光）什么是平衡？怎样做才能达到平衡？

师：平衡就是平衡自己的心态——得意时别忘记向上看，失意时别忘记向下看。比如：

当寒冷的冬天我 5:30 起床赶往学校的时候，我觉得自己活得有点苦，但是当我看到环卫工人已经在寒风中打扫了一条街的卫生的时候，我感觉我很幸福；

当我吃过早饭匆匆忙忙去上班的时候觉得有点苦，但是路过小区门口的洗车店看到洗车工忙碌的身影的时候，我感觉我很幸福；

当我在路上看到吃力地蹬着三轮车做小生意的商贩时，我感觉我很幸福，因为我有一份稳定的工作，有一个冬暖夏凉的工作环境，我觉得我比他们幸福（我没有鄙视的意思）。

这就叫"平衡"——心态的平衡。如果你懂得"平衡"二字的精妙意义，你一定会幸福。

（学生频频点头。）

师：当然以上谈的都是我失意苦恼的时候平衡心态的方法。我也有偶尔得意的时候，但我仍然不会忘记看看那些比我优秀的人，告诉自己：生活不能太安逸，工作还需要用心奋斗。总之，虽然我不能教给你们解决问题的具体办法，但我希望大家至少能学到"积极的生活态度"。所以各位同学，请用"平衡"的心态想想现在的自己，或许你们就能够找到属于自己的幸福，找到"苦中作乐"的动力。祝大家幸福。

（学生被鼓动得摩拳擦掌，爆发出热烈的掌声。）

师：刚才给大家讲的是"心态的平衡"，现在请大家打开课本，我们今天来学习"化学平衡"。

（学生一片大笑！）

（8+1 工作室　王成波）

刚上课时学生无精打采，这是日常教学中屡见不鲜的现象。很多老师可能会批评一番："都高三的学生了，刚上课就睡觉，这像考大学的样子吗？你在睡觉，别人在奋斗。"更有甚者，可能会让全班同学站起来，站着上课。这样的方法不能说没有用，但王老师借讲"化学平衡"之机进行了"心态平衡"的教育，导入新课，可谓别出心裁。

开发微小时段

青少年学生的教育是一个漫长的浸润过程,不是一朝一夕就能完成的,班主任也不可能只是等班级有了问题才开主题班会。但随着应试教育愈演愈烈,德育时间被严重压缩,于是见缝插针的微型德育课程便成为一种无奈之下的明智选择。课间十分钟,早中晚的课前十分钟,课上……只要肯找,时间总是有的。

我在班里利用碎片时段,充分运用恰当素材开发了若干微班会的载体与平台,比如励志午诵、朝会演讲、小故事演讲赛、《论语》课程、养心幻灯片等。

(1) 励志午诵

下午第一节课前,学生容易打瞌睡。我就和学生一起开发了"集体三分钟诵读课":大家分工编制学习材料,选取"惜时、勤奋、行动、坚持、梦想、守纪、规则、方法、幸福、快乐、幽默、智慧"等充满正能量的主题,每个主题选取名言警句、诗词歌赋、成语对联等素材。大家分工搜集制作一个系列诵读课件,每周诵读一个主题。现以"坚持"主题为例:

格言警句

锲而舍之,朽木不折;锲而不舍,金石可镂。(荀子)
千淘万漉虽辛苦,吹尽狂沙始到金。(刘禹锡)
逆水行舟用力撑,一篙松劲退千寻。(董必武)

读不在三更五鼓，功只怕一曝十寒。（郭沫若）

古之成大事者，不惟有超世之才，亦有坚忍不拔之志。（苏轼）

日日行，不怕千万里；常常做，不怕千万事。（金樱）

最困难之时，就是离成功不远之日。（拿破仑）

成大事不在于力量的大小，而在于能坚持多久。（塞·约翰生）

……

诗词歌赋

郁郁葱葱的山林，是树木的坚持；

满园的春色，是花草的坚持；

滚滚江河，是溪流的坚持；

万丈高楼，是砖石的坚持；

水滴石穿，是耐心的坚持；

绳锯木断，是恒心的坚持；

铁杵成针，是毅力的坚持；

绝处求生，是勇气的坚持。

……

成功的秘密就是两个字"坚持"！

别人不理解的时候坚持；

很多人反对的时候坚持；

被嘲笑、被批评的时候坚持；

身处逆境的时候坚持；

别人都放弃的时候坚持；

绝望的时候坚持；

觉得自己再也坚持不住的时候，也要咬牙坚持；

天寒地冻的时候坚持；

烈日炎炎的时候坚持；

饥肠辘辘的时候坚持；

口干舌燥的时候坚持；

孤独无助的时候坚持！

无论发生任何事，面对任何问题，我将坚持不懈！

坚持、坚持、再坚持！

有一天，我一定会发现：

我将成为那个领域的顶尖人物！

我将成为受人敬仰的人！

我将成为英雄！

我将成为命运的主人！

我将成为"我自己都不敢相信"的奇迹！

我将证明：坚持创造奇迹！

……

不知不觉间，已经坚持了三年，学生的精神风貌为之一变。

（2）朝会演讲

我们班有个"值日班长三分钟演讲制度"，就是每个人当一天班长，在当天晚自习结束前或第二天早上第一节课前作一个演讲，对一天的班级事务点评一下。下面是一个同学的演讲：

作为班内的一员，我热切地希望我们班能高效、有序地运转，希望每个成员都能安然、泰然地走完这一段旅程。今天借着值日的机会，我想说说我的看法。

从昨晚到今天上午，已有四位老师相继对我们提出批评或改进要求（数学、政治、英语、地理四科老师），这让我很难过，甚至心情沉重。

我们都该培养自己的学习能力，提高自己的学习素质。请注意我的用词，"能力"和"素质"。拿英语课和数学课为例。今天英语老师展示的作文中的错误都是不该犯的错，数学课上老师不厌其烦地逐步讲解答题思路，甚至在黑板上演算出答案。这种细致的教学模式确实好处颇多，只是，当老师在演算时我们思考了吗？我们是不是在等着老师计算好答案呢？拿我来说，我已经对数学老师产生了依赖，企图依靠老师解决问题。学习，是自己的事情。独立思考，才能提高自己的学习能力。别人的帮助不能替代自己的努力。

我想女孩都是有些娇气的，多少罢了。我们都该努力去掉身上的娇气，对自己狠一点，增强自己的承压能力。你不可能永远停留在小女孩阶段。

我希望我们班的男生能拿出男生的样子，虽然人数少，但男性是被定义为"强势群体"的。请高调一点吧，我们班的强势群体，发挥你们的强势吧！

让我们努力从不完善走向完善。从现在做起！

如果老师以这种口气跟学生说话，学生不但不会买你的账，还有可能变本加厉。但中学生最在乎的是友伴的看法，当身边的同学这样讲出来时，他们的感受就不一样了——那是他们的友伴指出了大家共同存在的问题，因此同学均报以热烈的掌声。

学生毕业时，我们还从三年1000篇演讲稿中筛选其中一部分，编成了一本班级史册作为毕业礼物。

（3）小故事演讲赛

小故事演讲是在尊重基本史实的基础上经过想象加工并以口头形式传递社会生命诉求的一种艺术。《故事会》的主编何承伟先生讲："美国也有故事艺术，每个国家都有故事艺术。我记忆中接待过的最大的一支代表团就是美国的国家故事代表团。我感到很奇怪，他们一下子来了60多个人，而我们的会议室最多才能接待30来人，坐都坐不下。他们也讲故事，绘声绘色，还加上了形体动作。以前的故事是一个人讲，大家听；现在则是人们互相交换故事。现代社会中，人与人直接的交流减少了，人的语言表达机会越来越少，人们面对的是电视、电脑、网络，而那种直接的语言交流是对人的思维和表达能力最严峻的考验。美国推广故事活动的目的，就是通过互换故事，实现人与人之间感情和语言的交流。"美国人把"口才、金钱、电脑"看成是最有力量的三大法宝。口才位居三大法宝之首，足见其作用和价值。

故事的生命力极强，就像有的学者所说的，它将会与人类语言共存。也就是说，只要人会讲话，故事这种艺术就会存在下去。小孩子们爱听，也爱把听到的故事讲给别人听。可是这种良好的学习表达方式由于学生年龄的增长及应试教育体制的压抑，到了高年纪逐渐被遗弃，这不能不说是教育的悲哀。

朱永新说："话语能力是一个人终生最有效的重要本领。讲话是一个人展示才华的能力，是征服别人的基本能力，而我们的学生常常是听读有余，而说写不足。"王小平说："说与写的能力是巨人的两条腿。"当前，基础教育课程改革的重点之一，就是逐步改变以教师为中心、课堂为中心和书本为中心的局面，提倡多样化的学习形式。因此，我在自己的历史课堂上开发了"小故事演讲活动"。作为多样化学习的良好载体之一，小故事演讲对学生综合能力的培养有着深远的影响：

①有利于突显学生作为课程主体的地位。学生是课程的主体，他们不是完全通过对成人生活方式的复制来成长的，而应发挥他们对课程的批判能力和建构能力的作用。那种视课程为"法定知识"或"圣经"式的文本而不准越雷池一步的观念，早该摒弃了。学生讲的小故事不是课本现成知识的复制，而是自己通过各种途径形成的对知识的建构，讲的过程本身又是对知识的再一次加工和重现，作为行为主体的学生，说与写的能力同时得到了提高。

②有利于培养学生的信息意识。信息意识就是人们对信息本身的一系列认识和观念。小故事写作本身就是信息搜集、分析、利用和管理的过程，使学生时时处处注重利用信息，认识到信息是无处不在的。

③有利于锻炼学生的社会实践能力。历史调查既是一种学习方式，也是一种学习评价方式，通过丰富多样的历史调查活动，可以考查学生综合运用历史知识分析和解决问题的实践能力。学生写小故事不局限于资料，还有社会调查与访谈所得。一个学生在访谈一位抗战老兵时产生了沟通困

难，第二天不得不请她的母亲作"翻译"才得以顺利进行。这位老兵是1948年去台湾的，1984年回到大陆，这引发了她的兴趣：这几十年他在台湾是如何度过的？她查阅了大量的资料文献，知其在台过得很苦，赴台老兵是一个特殊的社会群体。调查对学生实践能力的锻炼是书本与老师无法替代的。

根据我多年的探索，小故事演讲的内容可以包含以下内容：

①与课本知识相关的重要人物与重大事件。虽然课本对其有记录，但篇幅有限，言不能详，很难激起学生情感的共鸣。在听了有关关天培虎门殉国的一次演讲后，一位同学是这样说的："我是今日才知道那是何等的壮烈，而历史课本上却不过是几句话，国家的历史爱国主义教育仅限于此，难怪如今的人们好像不爱国了。"学生的说法虽然值得商榷，但从另一个侧面反映了学生对课前小故事演讲的认同。

②《历史上的今天》中部分与学生学习生活相关的内容。10月31日是"世界勤俭日"，那天的小故事演讲中学生讲了陈嘉庚老先生的节俭故事后指出：最近我们学校的食堂里天天有半桶多的剩饭，看到这些我们不应该深思吗？我国约有14亿人口，设想一下只要每人节约一粒米，那会给国家带来一笔多大的财富？这引发了关于"14亿粒米有多重"的课余大讨论，有的班级还为此开了主题班会。

③重大节日、纪念活动的相关故事。如中国四大传统节日——中秋节、端午节、清明节、元宵节相关题材故事的演讲，"九·一八"纪念日、抗战胜利纪念日等抗战相关故事的演讲。

④本地的课程资源。学生寻访抗战老人，写乡土抗战口述故事，并进行了为期一个月的纪念抗战胜利六十周年的主题小故事演讲，补上了乡土史教育这一课。

⑤校友名人故事。利用校庆的机会，采访校友名人，写出个人小传。校友故事更能引发学生的兴趣，如校友段小曼（美国麻省理工学院研究员、美国"国家半导体公司"高级工程师）的成才故事及她的女儿王渊拒绝"美国总统奖"的强烈爱国主义情怀，在学生中引起了强烈反响。

⑥家族史、社区史、身边的故事。这些更贴近生活实际，学生表现出

浓厚的兴趣。

为了调动学生们的积极性，班主任可以采取下面的步骤：

①典型示范，逐步推进。一开始由于羞怯，学生想上台又没人肯登台，这就需要老师加强引导，先做好几个有演讲基础的学生的工作，让他们来带动，学生们看到自己同学的故事讲得那么精彩，也都摩拳擦掌、跃跃欲试。当然，学生也会出现阶段性的懈怠，所以典型要均匀分布，让每一时段都出现小高潮。

②科学指导，包括对材料的搜集、故事的编写与演讲的技巧的指导，帮助学生克服困难，提高演讲水平，并把优秀的稿件推荐给《故事会》。还可以成立爱国社、演讲家等学生社团，加强学生内部的交流。

③适时举办大赛推动。这是大赛后学生写的感受："9月28日下午的演讲，各个选手从容不迫，语言与形体的完美结合让我们听得真过瘾，19世纪是英国的，20世纪是美国的，21世纪是中国的。""本人被逗笑三次又被惹怒三次，哭笑不得又三次，佩服！""原来有一个难得的机会放在我面前，我没有珍惜，如果再给我一次机会，我一定会说：绝不放过你！"会后会给学生播放大赛录像，学生显得特别兴奋，看到镜头中"我"的风采，演讲积极性更高了。

④演讲之星的评选活动每月一次，每班推选一名，在校报和宣传栏内公布。

小故事演讲的具体操作，可以遵循以下流程：

①演讲前，以班为单位，提前一个月定人、定时，并由学生自己根据老师的指导定内容，以便学生有充足的时间准备。教师根据学生选定的演讲主题指导学生写作、查询资料等，核实基本史实的真实性，演讲前进行模拟练习。

②演讲时，安排主持人，组织好课堂，营造良好的演讲氛围。

③演讲后，随机抽同学进行点评，以保证听讲的效果，并对演讲者的行为作出评价。稿件进行存档，演讲效果特别好的再给机会并进行录像。每月进行阶段性的全班讨论，好的稿件放到校报上，录像放到校园网上，作为以后活动的资料累积。

下面分享学生周洋的一篇演讲稿。

华尔的末日

在 1862 年 9 月的一次战役中，太平军与洋枪队激战正酣。突然，在离战场不远的地方，一个狼狈不堪的美国人正疯狂地四处乱窜。（挥着双手，慌里慌张地跑上台，嘴里喊着"help me!"）

"站住！"一个严厉的吼声将那个美国人吓住。（双手叉腰或背在身后，尽量显示得威严）他全身发抖（双手抱住身体，缩成一团，做胆怯状），颤抖着说："你……你是谁？""哼，我是太平军的副将，我们将军早就知道你会从这儿跑，让我在这儿恭候你的'大驾'。怎么样，华尔先生？是你自己了断呢，还是让我们动手啊？""噢，不要碰我！（双手乱拍，像要推开对手）我不是华尔。你们的初中课本上有华尔的照片，他很瘦（手跟着台词自然摆出夸张的姿势），但是我很胖。""哼，侵略中国的洋鬼子（用恨之入骨的语气），化成灰我也认得！而且，我们不是还在青浦战役中见过面吗？""你是说青浦？Oh, no, no, no（一手掩面，一手摆动做痛苦状）……你不要跟我提它，那是一个噩梦！想当年，我和我的弟兄们在 1860 年 6 月来到了中国，我们都是自由主义者——也就是你们所说的流氓。我们无依无靠，但我的国家没有抛弃我。美利坚的驻华大使看上了我，他发给我们洋枪洋炮，让我们组成了一支'洋枪队'（语气得意）。我曾说过要打给中国人看一看！但是你们在青浦战役中，缴了我们一千多条枪，二百多门大炮和二百多条船，还把我的六百多个弟兄送上了天堂！（像小孩子硬要家长买玩具一样，呆站着擦眼泪）呜……还害得我被美国驻华大使蒲安臣训了一顿。他还让我在 1861 年改组'洋枪队'。我们让很多有实力的欧美军官担任教官，然后又召集了两千多名中国人充当士兵。可是我们好不容易组建的队伍，又在高桥战役中，被你们打散了！呜……（更痛苦）"

"有一件事我不明白，你不是一直都抽大烟保持体形吗？你戒了？""哈……说起这个（语气中带着阴险狡诈和凶狠，最好能配上鬼子进村的音乐），我还有一段很自豪的历史呢！那是在1862年的夏天，你们的清政府派来了七千人的淮军来扩充我们的军队。沙皇俄国也派来了三艘军舰，他们送来了一千多条枪，五门大炮和二百多发炮弹。我们从嘉定一直打到了太仓城下，我在嘉定就抢了二十万两白银。我买了很多好吃的，一不小心就变成这个样了。可是，因为我们拿得东西太多，又在太仓被你们打败了。（接着哭）""废话少说，你是自己解决呀，还是让我动手啊？""我只有一个问题，我们还有多少人？""多少人？（用嘲讽语气）除了你之外，都见上帝去了！""妈呀！俺们这杳人都死光啦，俺不活啦！（用手拍大腿，像泼妇在街上骂娘一样）"Ladies and gentlemen! 给你们一个忠告吧，侵略中国是没有好下场的，中华民族是打不垮的，bye bye 了！（用手指脑袋，做持枪自杀状）'嘭'！"

"哼，一颗子弹打死你太便宜你了，兄弟们，撤！"（从昏迷中醒来的华尔）"噢，我怎么没有死？噢，原来是打偏了！啊，不跟你们说了，太平军又来了，bye bye！"

这个故事是在搜集大量史料基础上重新编写的演讲稿，活泼生动，使听者在绘声绘色的演讲中受到了爱国主义教育。

总之，课前三分钟的小故事演讲是一种崭新的学习方式，影响其成效的，除了演讲者本身的因素外，还有同学的评价、老师的指导与安排。我们要认真准备并长期坚持，这样才能使之顺利进行并达到预期的目的。

（4）《论语》课程

为了加强传统文化在德育方面的渗透，我们还特别开发了《论语》课程：

①将班级内学生编号，每天由一位同学轮值，提前在后黑板上抄写《论语》中的经典句段，生字生词批注解释。上课时，学生集体吟诵，轮值学生讲解，可以结合多种版本的解释，并加入自己的理解。语文教师不定期抽查背诵。

②学生接触《论语》之后，写出了自己的读后感，兴趣被激发，并将

文章编辑成名为《子曾经曰》的册子。

③深入学习之后,组织学生开展"与孔子有个约会"的读书交流活动,学生选择喜欢的《论语》名句齐诵,并谈自己的读书体会。老师将学生的发言集结成册《"孔"风那个吹》。

④《论语》全部读完之后,学生才真正走进了孔子,老师组织"我心中的孔子"主题征文活动,并将获奖作品编辑成名为《百变孔子》的小册子。

(5)养心幻灯片

在枯燥的学习过程中,学生难免会有浮躁、膨胀或消沉的时候。为此我们启动了"养心幻灯片工程":师生分工合作,深入网海,大量搜集幻灯片,并按照"修心养德、感悟人生、励志修身、节日祝福、亲情友情、学习方法"等话题进行分门别类的整理,逐渐建成一个庞大的教育资料库。每当某些孩子心灵"肿胀"的时候,我都会利用中午时间,借助这些视听资料来滋润孩子的心灵,以达到启智润心的作用。

需要强调的是,以上五类案例绝不只是一次性的活动,而是长期持续的工程:小学、初中、高中一以贯之,所产生的育人效果是无法估量的。

及时总结评价

通过评价促进学生的发展，是班主任工作的基本方法。

一般而言，一个人不论在努力做什么事情，都需要反馈来准确辨别他在哪些方面还有不足，以及怎么会存在这些不足。如果没有反馈（要么是他自己给自己提出的，要么是局外人给他提出的），他不可能搞清楚自己在哪些方面还需要提高，或者他现在离实现自己的目标有多远。

——[美] 安德斯·艾利克森、罗伯特·普尔:《刻意练习》

正如《刻意练习》的作者所言，学生要想在任何方面取得成效，都离不开及时的反馈。成绩的提高如此，行为举止亦如此。所以，教育工作离不开及时的总结和反馈，找出优点、指出不足，通过评价这一手段来规范和约束学生的行为；利用评价这一杠杆，引导学生自主地发展。

因此，班主任就可以根据教育的需要，定期或不定期地召开以"总结评价"为主题的微班会，及时总结得失。评价性微班会有朝会、晨会、午会、夕会、夜会、操后点评等。

案例　三块巧克力

背景 >>

每到新年，我都会给孩子们送上一份最特别的新年礼物，一封信、一本书、一个拥抱、一根棒棒糖……纯粹是为了让孩子高兴。今年的新年礼物，我怎样送出？怎么和日常评价相融合？于是，巧克力就成了首选。

| 目标 >>

通过"三块巧克力"表达对孩子成长的肯定和期待。

| 准备 >>

提前准备三类巧克力。

| 过程 >>

（那天，我将精心包装的礼物带进了教室。）

师：（故作神秘）孩子们，马上要过新年了，我给最喜欢的小朋友准备了一份礼物——巧克力。如果以下三点都做到的话，你将得到最高奖赏——三块巧克力：方形的是"守规则"，心形的是"会合作"，圆形的是"爱集体"。

（话音刚落，孩子们就纷纷议论开了。我特别注意到了融融。小家伙扳着指头，在自言自语。）

生：我一块也得不到了，我不是王老师喜欢的孩子。

师：闭上眼睛，猜猜你能得到几块？

（伴随着欢快的音乐，孩子们轻轻闭上眼睛，有的双手合掌默默祈祷，有的不停地一、二、三轮番伸出手指，有的露出了甜甜的微笑……）

师：一、二、三，睁开眼睛。

（孩子们急切地打开礼物袋，想快点知道自己是不是老师最喜欢的学生。突然，安静的教室里一下子被融融兴奋的歌声填满。）

生：我要飞得更高！飞得更高！

（融融高兴得手舞足蹈。随即，教室里歌声四起，幸福荡漾在孩子们的心田。）

（选自李家成所著《班级日常生活重建中的学生发展》）

评价有时有着神奇的力量。它是对发展的欣赏，更是对希望的创生。

在上面这个案例中,李老师利用"新年"这个节点,把评价巧妙地融入新年礼物之中。一个小小的变化,使得评价方式具有了强烈的班级特色,让新年礼物爱意更浓,也更具内涵。

"刻意练习理论"认为,在练习过程的早期,大量的反馈来自导师或教练,他们将监测学生的进步、指出存在的问题并且提供解决这些问题的方法。因此,优秀的导师的作用是不可或缺的。这就要求班主任自觉承担起"优秀导师"的角色,及时对学生的行为给予正确的反馈和评价,激浊扬清,帮助他们沿着正确的方向成长。

融合心理技术

德育心理学认为，品德是指个体遵循一定的社会道德规范行动时所表现出来的稳定的心理特征。品德结构包括道德认识、道德情感、道德意志、道德行为等基本心理成分。只有这些心理成分的特性都得到发展时，品德才能更好地形成起来。而培养学生良好的品德是一名班主任的天职，这就要求班主任必须具备一定的心理学技术，并将其应用到日常德育工作中去。本书仅举一隅，介绍其中应用非常广泛的正面管教、非暴力沟通和道德两难这三个理论在微班会中的应用。

（1）正面管教理论

在传统的管教方式中，很多父母和老师认为惩罚能很好地管教孩子，但是该理论提出者研究发现，惩罚虽然短期内能让孩子听话，但是从长远来看，惩罚只会导致孩子的四种反应：愤恨、报复、反叛和退缩。所以，我们需要清楚，从长期来看，传统管教方式里的惩罚是有很大危害的，并不可取。

但停止惩罚并不意味着允许孩子为所欲为，否则孩子就会成为只会依赖和接受的人，认为得到归属感和价值感的唯一方法就是操纵别人为自己服务，从而会出现"不照顾我就是不爱我""反正什么事都做不好，自己不该再努力"和"我不够好"的错误认知，进而把大量的精力用在反叛或逃避行为上。

正面管教是一种既不严厉又不娇纵的方法：既不会羞辱孩子，又不会让师长感觉难堪，它以相互尊重和合作为基础，把和善与坚定融为一体，然后在孩子自我控制的基础上培养他的各项能力。正面管教的基石是和善而坚定，这是因为"和善"可以表达师长对孩子的尊重，而"坚定"则可以帮助师长维护自己的权威，同时向孩子表明尊重事实的态度。严厉惩罚的管教方法一般都缺少和善，而娇纵的方法一般缺少坚定，所以和善而坚定是正面管教和其他管教方法不同的根本所在。

我们用一张表格来呈现大人与孩子之间的三种主要互动方式：

类型	表现
严厉 （过度控制）	·有规矩但没有自由 ·没有选择 ·"我要你怎么做，你就得怎么做"
娇纵 （没有限制）	·有自由但没有规矩 ·无限制的选择 ·"你想怎么做，就怎么做"
正面管教 （有权威的；和善与坚定并行）	·有规矩也有自由 ·有限制的选择 ·"在尊重别人的前提下，你可以选择"

正面管教理论的提出，不仅对家庭教育具有巨大的指导意义，而且对当下美国学校中占主导地位的传统方法也产生了冲击：

项目	美国学校中占主导地位的传统方法	正面管教（专注于解决问题）的方法
1. 理论提出者	巴甫洛夫、桑代克、斯金纳	阿德勒、德雷克斯、格拉瑟、尼尔森、洛特、丁克梅耶
2. 依据该理论，激励人们行为的因素是？	人们对自己环境中的奖励和惩罚作出反应	人们在自己的社会情境中寻求归属感（情感联结）和自我价值感（意义）
3. 对别人的行为产生最大影响的情境是？	当我们对一个具体行为作出反应时	在一种以相互尊重为基础的持续的人际关系中

续 表

项 目	美国学校中占主导地位的传统方法	正面管教（专注于解决问题）的方法
4.成年人最有力的工具是？	奖励、刺激和惩罚	共情、理解学生的信念、合作解决问题、和善而坚定、坚持到底
5.该理论对不当行为、危险和破坏行为的反应是？	责备、孤立和惩罚	·纠正之前先建立情感联结、专注于解决问题、坚持到底、关注行为背后的信念 ·确保安全、继之以一个承担责任和改正的计划
6.该理论认为学生如何才能学得最好？	当成年人对学生的行为进行有效的控制时	当学生学会了社会和情感技能、形成了自我控制、感到与他人的情感联结，并在教室里作出贡献时

（整理自简·尼尔森等人所著《教室里的正面管教》）

这张表格的呈现，从本质上阐述了正面管教的理论基础。与我们惯用的行为主义的教育方法（刺激——反应）不同，正面管教基于人本主义的理论，相信人自身所具备的主动、积极的精神与力量：前者关注的是教给孩子不要做什么，而后者关注的是教给孩子要做什么。

那么，该如何实施正面管教呢？该理论提供了四个步骤：表达出对孩子感受的理解；表达出对孩子的同情而不是宽恕；告诉孩子自己的感受；让孩子重视解决问题。

做到这四个步骤，就可以更好地让孩子与自己合作，从而达到正面管教的目的。他们在做事情的时候，如果能主动参与进来，为自己的行为承担后果，而不是被动地接受后果，那么孩子的积极性就会提高，他们就会更注意自己的言行。

案例1 "暗号"对接

背景 >>

当教室里吵闹时,我曾经试过口令似的方法"请安静!我安静!",也用过以静制动,更用过轻音乐熏染。这些办法虽然有点成效,但孩子们是被动地接受,问题不久就会复发。有一次课堂作业完成后,大部分孩子很自觉地看书,少部分的人嘴里总是喋喋不休,看来还是要想办法解决这个问题。

目标 >>

让孩子们学会安静。

过程 >>

(看看时针,还有十分钟,我开始了微班会。)

师:(故作示弱)孩子们,徐老师有个小困惑,需要你们帮忙想想办法。(教室里顿时鸦雀无声,每个小家伙竖起小耳朵好奇着我的困惑。咦?不是办法的办法倒是立刻让他们安静了下来。)

师:谢谢你们立刻静下来听我的困惑,老师很诚恳地希望得到你们的帮助。

生:老师,什么是"困惑"?

(一年级的小豆丁还不太理解这个词语的意思。)

师:就是遇到了小困难,不知道怎么解决。

(孩子们听到后小大人似的恍然大悟。)

生:老师还有不会的啊?是什么困惑啊?

师:就是,教室是用来学习的,需要安静。可是你们有时总是不自觉地很吵闹,影响了别的小朋友看书,尤其是在完成作业后的自由时间里比较爱说话,怎么办呢?

生:罚站。

生:取消看书资格。

……

生：老师，你给我们口令。

师：我不太喜欢总是喊："请安静！我安静！"

（这样的口令，孩子们腻了，老师也腻了。）

生：老师，我们来接暗号。

（这小家伙谍战片看多了吗？不过倒是引起了我的兴趣。）

师：暗号？有意思！那说什么样的暗号呢？

（孩子们来了精神，出谋划策给我想暗号。）

生：老虎来了。

生：该睡觉了。

生：天黑了。

生：植物大战僵尸。

……

（最后，经过大家的选择，决定了以"植物大战僵尸"作为暗号，反复练习了几次。这样的暗号增加了趣味性、游戏性。我想过段时间再换一换暗号，才能保持孩子们的好奇心，这也是有趣的比较弹性的管理方式吧！）

（8+1 工作室　徐静）

案例2　我们的"特派时间"

> 背景 >>

"特派时间"的原义是"最喜欢的活动的时间"。顾名思义，大家在"特派时间"里能自由活动，或者玩游戏。不过这个时间是要靠全班孩子努力"挣"来的。为什么有这个"特派时间"？因为班上总是三天两头有人迟到。于是，我又把这个问题抛给了孩子们。

> 目标 >>

让孩子们学会解决迟到问题。

过程 >>

师：总是有小朋友迟到，你们能给他们或者徐老师出个招儿吗？怎样减少迟到现象？

生：我每天都是要调好闹钟的。

生：妈妈每天让我加快穿衣服、吃早饭的速度！

生：每天晚上要早点睡！

生：跑步到学校！

（孩子们七嘴八舌，其实已经告诉了迟到的孩子如何自己解决迟到的现象。）

师：那如果还是迟到，徐老师就有责任教育他们，要怎么办呢？

生：罚他们多写作业。

生：迟到的同学到操场上跑50圈。

生：让他拎两个水桶，站在走廊上站一节课。

（孩子们出的招儿，一个比一个狠，我还是要引导他们要想出不带体罚的方法，方法要合理，大家能够接受，还要尊重同学。）

生：让他打扫一个星期卫生。

师：这个方法可行，用服务班级替代惩罚。

生：减少他下课玩的时间。

（说到玩的时间，我想到了"特派时间"，于是我们决定在周五下午定一个"特派时间"，进行各种形式的游戏。孩子们一听到有游戏时间，沸腾起来了。我跟孩子们一起商定了"特派时间"的规则：老师送15分钟"特派时间"，如果有一个同学迟到，减少一分钟；没有迟到的一天加一分钟。这样的方法实施后，迟到现象没有那么"猖狂"了。）

后记 >>

当取消了惩罚，并且解决问题的替代方法既和善又坚定时，学生们就能学会尊重自己和他人，并且会受到激励去改变自己的行为。在微班会上，听到孩子们的发言，我对他们能这样彻底地讨论问题感到很震惊：他们提出了那么多原本我想说的观点。我也很高兴自己一直没有多说，而是主要在促进他们的讨论。这让我更加信任学生，相信他们有自己解决问题的能力。

（8+1工作室　徐静）

徐老师的两个案例完美地诠释了正面管教理论的精髓：全程没有出现任何批评的词句，而是用和善而坚定的态度引导学生直面问题，把"自习课说话"和"上课迟到"这两个问题提出来，让学生充分参与和决策，取得了良好的效果。这两个案例再次证明：孩子只有在和善、坚定的气氛里，才能培养出自律、责任感、合作和自己解决问题的能力，才能学会让他们受益终生的社会技能和人生技能。

可以说，正面管教是一种可以培养孩子良好品格和能力而且长期有效的教育方法，它能避免过度严厉或娇纵的传统管教方式可能给孩子带来的伤害。

（2）非暴力沟通理论

在班主任对学生实施教育时，沟通是必不可少的要素之一。但我们平时习以为常的表达中，充斥着大量诸如"我认为""我觉得""你总是""你从来""你永远"等主观定性的词汇，以及"你这个人好自私""真是贵人多忘事""真是个粗枝大叶的人啊"等评价性表达，而这些词汇和表达往往夹带着负能量，不利于正常沟通。

非暴力沟通是一种能够使人们情意相通、互尊互爱、和谐相处的沟通方式。该理论包含四个沟通技巧[①]：

①观察和表达事实：暴力语言来自人的道德评判，即人们用自己的道德标准，主观地去评价别人。把事实和评判混在一起去说，人们更容易听到的是批评，就会产生逆反心理。而表达事实的前提是人能区分事实和看法。在日常沟通中，我们应尽量避免使用"我认为""我觉得""你总

---

① 整理自马歇尔·卢森堡所著《非暴力沟通》。

是""你从来""你永远"等表达主观看法的词汇，因为跟在这些词后边的内容，往往就是评判。无论喜欢与否，我们都要客观地指明观察到的事情。

②体会和表达感受：要具体表达自己的感受，而非想法。尽量避免使用"被抛弃""被羞辱""被打扰""被拒绝""不受重视""被欺负""无人理睬""没人赏识""被利用"等表达想法的词汇，而多采用例如"兴奋""甜蜜""兴高采烈""喜悦""自信""开心""高兴""幸福""愉快""满足""欣慰"等表达正面情绪和"害怕""担心""焦虑""忧虑""着急""紧张不安""悲伤""绝望""气馁""灰心""烦恼""愤怒""厌烦"等负面情绪的词汇。表达感受会拉近人与人之间的距离，让人们的心离得更近；还能让沟通更顺畅，不引起冲突，也有助于疏导情绪。

③发现和表达需要：这里说的需要是指一种内在的需要，比如被关心、被尊重、被认可等，而非一部车、很多钱等外在的需要。人的感受是由自己的需要决定的，不是对方的行为决定的。当我们的需要没有被满足时，也会引起人们的暴力语言。

④提出明确的请求：发现自己的需要后，直接而明确地说出来，对方才有可能作出积极的回应。沟通时的语言越具体越好，要有可操作性。如果别人不了解我们的需要，我们也就很难获得积极的回应；同时还要明确自己的谈话目的，千万不要为了一时发泄情绪，而偏离谈话目标。

下面我们通过具体的案例来体会非暴力沟通理论在微班会中的应用。

案例3　学生上课吃零食

背景 >>

老师上课讲得正起劲儿，忽然看到一名学生往嘴里塞零食。

目标 >>

运用非暴力沟通理论纠正学生上课吃零食的行为。

> 过程 »

师：看见你在课上吃东西（观察和表达事实，不作评论），我有些生气（体会和表达感受）。

生：对不起（并把零食放了起来）！

师：我非常重视课堂纪律和良好的课堂氛围（发现和表达需要），我希望你以后认真听讲，不要在课堂上吃东西（提出明确的请求）。

（学生点头，不好意思地笑笑，表示对老师的提醒的感谢与不安。）

在这个案例中，如果老师只是情绪化地表达愤怒——比如老师说"你上课怎么总是吃东西？（主观定性）你妈没教过你上课不能吃东西吗？（人身攻击）"，学生必定会情绪化地顶嘴："凭什么说我上课总是吃东西？说我妈干什么？我妈也是你能说的？"双方情绪化表达，一场课堂危机可能就爆发了。而运用非暴力沟通，既坦诚地表达了自己的感受，又没刺激到对方，一个课堂小插曲就这么顺利地解决了。如果这个学生真的经常在课上吃零食，老师大可以课下再找他沟通解决。

案例4　处理打架事件

> 背景 »

老师备课之余休息，看到办公室外的操场上有两个学生打架，于是立即跑过去把双方隔开。

> 目标 »

运用非暴力沟通理论处理打架事件。

> 过程 »

师：（对打人的学生）你动手打了同学。（观察和表达事实，不作评论）能说说是什么事情让你这么生气吗？（体会和表达感受）

打人的学生：他叫我外号！

师：看起来，你很生气（体会和表达感受），因为你希望得到尊重（发现和表达需要）。

师：（转向被打的学生，摸摸他的头）身体是不是有点儿疼？看哪里擦破了没有，我们去校医室包扎一下（体会和表达感受）。以后记住，不要叫同学的外号（提出明确的请求）。

师：（对打人的学生）我很遗憾（体会和表达感受），因为我也希望我们既能得到尊重，又不树敌（发现和表达需要）。不知你是否愿意和我一起探讨，找到其他的方式可以使我们得到尊重（提出明确的请求）？

如果老师不分青红皂白，抓住那个打人的学生重重推一下，并训斥道，"我看你以后还敢不敢欺负比你弱小的同学"，可能会强化他通过打架来解决问题的意识。案例中，老师先倾听学生的需要，然后安抚被打学生，逐渐引导双方，问题得到妥善的解决。

非暴力沟通，既可以坦诚地表达自己的意愿，又可以倾听他人内心的感受，从而避免了有意或无意忽略对方感受所带来的伤害，可以帮助我们用不批评、不指责的方式与人交谈，化解人与人之间的冲突，增进人与人之间的感情。它适用于各个层面的交流和各种环境。

（3）道德两难法

道德两难法，即道德两难故事问答讨论法，就是在道德两难故事讨论中，启发儿童积极思考道德问题，从道德冲突中寻找正确的答案，以有效地发展儿童的道德判断力。道德两难法是美国心理学家劳伦斯·柯尔伯格用以解释道德发展阶段理论的重要方法。

柯尔伯格道德发展阶段理论的基本观点[①]：

①道德教育的首要任务是提高儿童的道德判断能力，培养他们明辨是非的能力。把认知发展理论运用到道德教育中去是柯尔伯格道德发展理论

---

① 整理自柯尔伯格所著《道德教育的哲学》。

的突出之点。他把儿童的道德发展看作是认知发展的一部分，儿童道德成熟过程就是道德认识的发展过程。儿童道德成熟的标志在于他能作出正确的道德判断并形成他自己的道德原则，而不是只具备服从他周围成人的道德判断的意识。在他看来，儿童道德的成熟首先是能作出道德判断，然后是与道德判断一致的道德行为上的成熟。儿童的道德成熟水平最明显地表露在他的道德判断中。因此，柯尔伯格认为一个人的道德判断水平与他的道德行为基本上是一致的。道德教育应以提高道德判断能力为重。

②儿童的道德发展是有阶段性的。柯尔伯格的研究表明，不是所有儿童都能达到最高阶段，并且儿童的道德发展必须是由低级阶段依次向高级阶段发展的，这种顺序既不会超越，更不会逆转；但儿童总是喜欢超越自己已有的水平，达到较高阶段的道德判断水平。因此，在对儿童进行道德教育时，应随时了解儿童所达到的发展阶段，根据儿童道德发展阶段的特点，为儿童提供下一个阶段的模式，循循善诱地促进他们的发展。

③学校、家庭和社会要创造良好的条件，广泛开展各种道德教育活动，提供略微超出儿童发展水平的社会道德问题让他们讨论，以激发他们达到更高阶段的道德水平，使他们的思维模式向更高水平发展。道德发展的三个水平六个阶段详见下表：

水　平	阶　段	道德推理的特点
前习俗水平	1	以惩罚与服从为定向
前习俗水平	2	以行为的功用和相互满足需要为准则
习俗水平	3	以人际和谐为准，也称为"好孩子"取向
习俗水平	4	以法律和秩序为准则
后习俗水平	5	以法定的社会契约为准则
后习俗水平	6	以普通的伦理原则为准则

案例5　什么是真正的朋友

两难故事 >>

小龙和小虎是从小学到高中多年一起玩儿的朋友。在一起作弊违纪中，小龙坦言："我也知道我作弊是错误的，当时我给小虎答案的时候心里很害怕，不过我自己真的一点儿也没有抄。小虎成绩相对较差一些，他父母要求他必须考到多少名次，而他考前几次跟我讲过，这次考不到父母要求的名次回家会挨打。我也是碍于情面：不给他抄，将会失去朋友，他还会说我不够义气、假正经。"

问题设置 >>

基于上面的故事，可以给学生提出以下问题：

①小龙应该给小虎抄吗？为什么？
②他给小虎抄是对还是错？为什么？
③小龙有责任或义务给小虎抄吗？为什么？
④小龙不顾一切地维护友谊值得吗？为什么？
⑤小龙作弊是违纪。他让同学抄在道义上是否错误？为什么？
⑥仔细回想故事中的困境，你认为小龙最负责任的行为应该是什么？为什么？

学生对两难故事中的问题既可作肯定回答，又可作否定回答。我们真正关心的不是学生作出哪一种回答，而是学生证明其回答时提出的理由。因为在柯尔伯格看来，儿童提出的理由（即儿童的推理思路）是根据其内部逻辑结构而来的，所以，根据儿童提出的理由就能确定儿童的道德判断水平。比如，根据学生对作弊行为的态度和提出的理由，我们可以得到下表。

水　平	阶　段	道德推理的特点	不该作弊的理由	该作弊的理由
前习俗水平	1	以惩罚与服从为定向	作弊会被老师抓到，受到惩罚	小虎要我传答案，又不是多大的事，小龙不会受重罚
前习俗水平	2	以行为的功用和相互满足需要为准则	如果小虎跟他的朋友关系不是很铁，小龙就没有必要自寻烦恼，冒险作弊	如果小虎对他一向好，小龙就应为了小虎不被挨打让他抄
习俗水平	3	以人际和谐为准，也称为"好孩子"取向	作弊会使自己的名声受损，也会给自己的朋友带来麻烦	不管小虎跟他铁不铁，他都得对小虎负责。使朋友免挨打，是朋友该做的事
习俗水平	4	以法律和秩序为准则	用作弊帮朋友免挨打是合情合理的，但作弊是违纪的	作弊是不对，可不这样做的话，小龙就没有尽到朋友的义务
后习俗水平	5	以法定的社会契约为准则	朋友没有作弊帮朋友的义务，这不是正常的朋友关系的组成部分。无论如何都不该采取作弊的办法解决问题，但他还是作弊了，这是一种超出朋友职责的好行为	校规禁止学生作弊，却没有考虑到为帮朋友免挨打这种情况。小龙不得不作弊助友，如果有什么不对的话，需要改正的是现行的校规
后习俗水平	6	以普通的伦理原则为准则	小龙助友的行为无可非议，但他没有考虑所有学生的考试公正，别人也可能因为类似原因这么做。他这么做，对别人是不公正的	为使朋友免挨打去作弊是值得的。对任何有道德理性的人来说，友情是可贵的，朋友的价值提供了唯一可能的无条件道德义务的源泉

班主任可以根据德德发展六阶段理论去判断学生的道德发展水平和阶段，然后依据每个学生的发展水平和阶段去提升他的道德认知。比如，如果一个学生回答："如果小虎跟他的朋友关系不是很铁，小龙就没有必要自寻烦恼，冒险作弊。"说明他的道德发展水平处于前习俗水平第二阶段。老师可以往更高一级引领：某某同学要知道"作弊会使自己的名声受损，也会给自己的朋友带来麻烦"。这样就把他的道德水平向上提升了一步。如果老师直接跨越道德发展阶段，说："小龙助友的行为无可非议，但他没有考虑所有学生的考试公正，别人也可能因为类似原因这么做。他这么做，对别人是不公正的。"这名学生未必能接受，因为这样的道德说教违背了儿童道德发展的阶段性，注定是低效甚至是无效的。

总之，心理技术是微班会设计与实施的心理学依据，提供了强大的理论支撑，需要班主任在开展班会活动时刻意关注及融合。

巧借八方力量

要上好微班会，班主任还要善于借势。这里的所谓"借势"，原指企业及时地抓住广受关注的社会新闻、事件以及人物的明星效应等，结合企业或产品在传播上的既定目的而展开的一系列相关活动。这种企业营销方法大可以借鉴到班级教育中。微班会中可借之势大概包括以下几种：人生故事、班级活动、四季美景、新闻热点、校内大事、重大节日等。

案例　励志橙

背景 >>

三次联考，我班成绩皆不如意，学生情绪低迷。第一次失利，我安慰了一番；第二次失利，我鼓动了一回；第三次失利，我一时无"计"可施。一日，到网上购书，看到了《褚时健：影响企业家的企业家》一书。我眼前一亮，读吴晓波的《大败局》时曾深深为这个人物跌宕起伏的人生所吸引，后来在网上看到他出狱后承包荒山种橙的消息。我立即下单，用三天时间读完了这本书，再次被他的故事震撼了。一个想法在我头脑中生成，何不借褚时健的精神来激励我的学生？

目标 >>

借当代商界英雄人物褚时健跌宕起伏的人生故事激励学生永不言败。

准备 >>

我先到网上买了"褚橙"和褚时健的传记。

过程 >>

（班会时，我搬着箱子来到班级。学生好奇地看着我，不知我葫芦里卖的是什么药。）

师：同学们，今天班会，我们一起品尝橙子，每人一个，不许多吃多占。

（学生立即沸腾起来，七手八脚，很快帮我分发到每位同学的手中。）

师：大家先别急着吃，请观察一下外包装。

（很快有几个学生喊了出来。）

生：人生总有起落，精神终可传承！

师：这不是一个普通的橙子，它是来自云南哀牢山上的冰糖橙，橙色鲜亮，个头饱满，皮薄肉细，汁多味美，富含纯天然维生素C。有人露出了馋相。我说，它还是一个励志橙——它的名字叫"褚橙"。橙——成功，褚——积蓄力量，以待成功。"褚橙"有一个令人唏嘘不已的传奇故事。红塔山牌香烟听说过吧？

生：我爸爸吸这个牌子的烟。

师："红塔山"的背后，有一个了不起的人物——褚时健。褚时健先生是中国第一代企业家中的佼佼者，也是中国最具争议的财经人物之一。他从1979年任云南玉溪卷烟厂厂长，用17年的时间将默默无闻的烟厂缔造成亚洲排名第一、世界排名第五的大型企业，红塔山牌香烟享誉全国。71岁因经济问题入狱，女儿在狱中自杀。

（有的学生为他的命运叹息。）

师：2001年，73岁的他获减刑，保外就医，与妻子承包荒山种橙。10余年后，褚橙年产1000万吨，利润上亿，被称为"云南最好吃的橙子""中国最励志的橙子"，并风靡全国。

（随着我低缓深沉的讲述，学生纷纷张大了嘴巴，惊讶无比。）

师：（提高语调）86岁的褚时健从"烟王"变身"橙王"，实现触底反弹，开始攀登他人生的又一高峰。他的故事和精神，深深影响了中国企业界和无数为明天而奋斗的年轻人。褚时健说："我的一生经历过几次大起大落，我不谈什么后悔、无悔，也没有必要向谁去证明自己生命的价值。人要对自己负责任，只要自己不想趴下，别人是无法让你趴下的。"咱们再看看世人对他的评价。那个言辞犀利，曾批评过无数名人的韩寒说："我欣赏所有跌倒后能爬起来的人。"企业界的思想家冯仑说："一个人跌倒再爬起来并不难，难的是从至高处落到最低谷，还能走得更远。"

（学生们听得悠然神往。）

师：一个真的英雄总是在无法想象的困境中、在不可思议的时间点上崛起！因这几个橙子，褚时健拉开了与这个时代所有优秀企业家的距离，使自己成为一个不朽的励志英雄和不倒的商业传奇。柳传志、王石等商界大佬纷纷前去哀牢山上拜访褚老。

（学生们心潮澎湃，纷纷表示："我们本来还为自己的失败而难以自拔，和褚老比起来，我们的失败真是不值一提！"）

师：（趁势总结）经历就是财富。战胜挫折，就能战胜高考，人生就会留下一段难忘的拼搏记忆，高考就是最好的成人礼！如果我们不为自己的生命留下一些让自己热泪盈眶的岁月，我们就白过了。

（掌声热烈响起，久久回荡在温暖的教室。）

师：来，咱们一起吃橙子。

（学生小心翼翼地打开包装，鲜亮的橙子照亮了每一张激动的脸。）

师：今天还要送给大家一个礼物。这是褚老的传记——《褚时健：影响企业家的企业家》。"人生总有起落，精神终可传承"，希望这本书能陪伴大家度过高三后期的日子，照亮我们的前程。

学生屡战屡败，士气低落，如果班主任简单地用"不要气馁""失败是成功之母""爱迪生发明灯泡"之类的话来激励，不但言辞干瘪，而且素材陈旧。其实道理还是那个道理，但我搬来当代商业领袖褚时健和他大起大落的人生故事，借热点人物说出同样的道理，效果自然大大不同。

预演模拟过程

要做好一件事,脑子里总需预演几遍。微班会时机促、用时短,更需要思路清晰,才能收到实效,因此特别强调在有限时间内充分备课。

整体而言,建议微班会采取五轮备课法:

第一轮:构建轮廓。先根据当前问题找到班会目标,确定班会主题,然后列出提纲,大致做到轮廓清晰。

第二轮:设计活动。根据列好的提纲选取新颖到位的素材,并思考素材的利用形式(文字、图片、视频、活动),最后确定恰当的班会形式(演讲、辩论、表演)。

第三轮:反转角色。换一个角度,站在学生的立场上再思考一遍:这样的思路和形式他们能接受吗?有什么心理技术可以融合进去吗?这堂微班会选择什么时机可以得到最佳效果?

第四轮:修正问题。一般进行到第三轮,我们会发现不少细节或思路存在问题,这时候就需要返回调整。

第五轮:模拟推演。在上微班会之前,要进行最后一轮推演:这堂班会课的关键节点是哪几个?我设置的问题学生都可能会怎样回答?针对他们不同的回答我分别有哪些应对版本?

这样五轮下来，我们就会对整堂微班会了然于胸。心里有底了，自信就会在脸上流露出来，我们也会显得从容许多，班会的效果自然也就得到了保证。

案例　班级评优泡汤了

> 背景 >>

班里有一个平时比较调皮的男生，我在他身上花了很多心血，总是给他机会和希望。但是在我们班级即将申报市级优秀班集体的时候，他犯了大错，引来警察到校调查，导致我们不得不终止申报优秀班集体。全班同学都很愤怒，我也想狠狠地批评他一顿。毕竟，这样的申报机会十分难得，对班级和我个人都有很大的好处。可是，多年的工作经验使我很快冷静下来，思考这样的教育管理方式是否真的对学生有好处。我换位思考：事到如今，这个男生一定很懊恼，也很害怕，预感我一定会狠狠地批评他一顿，暴风雨即将来临。如果我的批评如期而至，就不会产生预期的效果。简单地发泄愤怒，不是最佳教育方式。于是，我准备反其道而行之。

> 目标 >>

让学生深刻认识错误，改正错误。

> 过程 >>

上午第一节是我的课。之前，我一直没有正面接触他。进教室之后，课堂气氛很压抑，而我却像什么事都没有发生一样。我注意到这个男生在悄悄观察我，但我就是不特意去看他。上完课，我什么话也没说就离开了教室。接下来的一天，我跟班干部讲了优秀班集体泡汤的事情，也讲了其他要注意的一些问题，但是对他的处理只字未提。

我知道我越是这样，他越是紧张。他知道我很生气，但是想不到却是这样一种漠然置之的态度。第二天，他终于主动来找我承认错误，我对他说："我等了你整整一天。"然后，把他以前写的所有检查、说明书都拿出来，和他回忆我是怎么一次次帮助他、教育他、宽容他、鼓励他的。那天他痛哭流涕，发誓要控制自己，改正以前的种种不良行为。

（整理自万玮所著《班主任兵法》）

这节微班会，教师从思想到策略再到教育素材上都作了充分准备。为什么这么说呢？因为根据常识，学生犯了错误，最佳的教育策略就是对其错误进行及时总结评价（本篇第七条），教育时机一旦错过，效果就会大打折扣。但这位男生明显不同，他平时就比较调皮，是名"惯犯"，知道犯了大错，必定早早作好了挨批的准备。如果直接找他，反而正中其下怀，达不到教育的目的。万老师妙就妙在融合了心理技术，洞悉了学生的心理，反其道而行之。他在学生犯错之后，拉长了从犯错到处理的时间间隔，让学生在漫长的等待中心理压力倍增、不断推演处理过程，并在不断的推演中深刻认识到自己的错误。可以想见，在万老师正式处理之前，心中必定万马奔腾、策略万千，但他经过反复权衡和推演，最终选择了此种方式，这才以静制动、巧妙地解决了问题。预演模拟的作用可见一斑。

*****

总之，微型班会课的研究处于起步阶段，它的形式、技巧和内容还有待在实践中逐步总结提炼。当然，由于研究视角和习惯不同，每个人的分类方法也会有别，热忱期待更多专家和一线教师参与进来，不断完善它的理论体系和操作技术，让微班会这棵新兴之苗茁壮成长、沛然成林，最终在学生纯净的心灵中开出圣洁之花，在德育这块广袤的土地上结出丰硕之果。

实战篇
微班会创意设计与点评

节庆纪念教育

开学第一天的"特权红包"

背景 >>

过年的习俗少不了红包，孩子们一定拿了不少红包。新年后开学的第一天，我也会给孩子们发红包，当然少不了"红包的由来和意义"。老师发的红包与长辈发的红包有不同之处，里面装的不是钱，而是六个特权，并能让孩子们感受到老师对他们的喜爱与祝福。

目标 >>

借助给学生发红包，向学生介绍"年"和红包的由来，增进师生感情。

准备 >>

"年"和"祟"的故事；准备红包（六个特权）。

过程 >>

师：我们过了一个中国最隆重的传统节日，是什么？

生：春——节！

师：能跟大家分享一下你们家过年的习俗吗？

（学生们自由表达。）

师：那你们知道为什么要"过年"，"年"又是什么吗？

（学生一片茫然。老师讲述"年"的来历。）

师：过年时，你最开心的事情是什么？

生：回老家堆雪人。

生：放烟花。

生：出去玩。

生：大人给我发红包。

师：说起红包，谁知道大人为什么要给你们发红包呢？

生：希望我们更好，有进步。

师：说得对，红包里有大人对小朋友的祝福。这里还有一个传说呢。

古时候，在大年三十晚上一种叫作"祟"的小妖就会出来用手去摸熟睡着的孩子的头，孩子往往吓得哭起来，接着头疼发热，变成傻子。因此，家家都在这天亮着灯坐着不睡，叫作"守祟"。有一家夫妻老年得子对孩子异常宝贝，他们怕"祟"来害孩子，就拿出八枚铜钱同孩子玩。孩子玩累了睡着了，他们就把八枚铜钱用红纸包着放在孩子的枕头下边。"祟"半夜来袭被红纸包着的八枚铜钱吓退了。事情流传开后，大家都学着做，孩子就太平无事了。

师：今天徐老师也给每个小朋友送一个红包。

生：哇！

师：里面不是钱，而是六个特权哦！

生：那是什么呀？

（老师开始分发红包，学生们迫不及待地打开红包，果然发现有六个特权：1. 免一次家庭作业；2. 做一天班长；3. 组织一天课堂静息；4. 带领大家晨读一次；5. 和老师拍一张甜蜜合照；6. 为大家分发早餐一次。学生们欢欣雀跃，议论纷纷。）

师：得到老师的红包，心情如何？

生：真开心！

生：我要告诉爸爸妈妈。

生：我要跟姐姐说，这比拿到钱还开心呢！

（学生们叽叽喳喳地表达着自己的惊喜之情。）

师：红包里也饱含着徐老师对小朋友们深深的喜爱和祝福，希望你们珍惜利用特权的机会。

（深圳市南山区南山第二实验学校　徐静）

方法点拨 >>

把传统习俗融入新年开学第一课，能带来意想不到的效果，孩子们欢喜，家长们赞许，老师心里也满足。然而事实上，大多数老师往往意识不到这个教育契机，而是把重心聚焦在如何让学生尽快收心上。假如有心的班主任意识到了，可能会这样做：

版本一：礼轻情重型。给学生每人准备一个红包，每个红包里有一元钱（或两元，由于学生人数过多，面额太大的话班主任经济压力太大），发给学生后告诉他们："尽管红包面额不大，但礼轻情义重，小小一元钱代表了老师的'一'片心意，也祝福大家'一'飞冲天！"

版本二：纸条传情型。给学生每人准备一个红包，每个红包里都有班主任为每位学生量身定做的悄悄话和祝福。工作量虽大，但足以让学生感动莫名。

版本三：指导理财型。给学生开一堂"压岁钱去哪儿了"的主题班会，告诉学生红包是长辈们对自己的一番心意，妥善处理才不辜负他们的殷殷期望，并通过指导和活动教给学生如何理财。

版本四：问题驱动型。低年级学生的压岁钱往往是由父母代管的，班主任可以借班会和学生商量如何把钱从家长那里要回来。这就必然牵涉到"和父母沟通"以及"理财方案"的问题，可以同时训练学生的情商和财商。

本课的亮点在于，徐老师敏锐地抓住了"春节发红包"这个可预见性的教育契机，向学生介绍"过年"和"红包"的由来之后，通过发红包来增强整个活动的体验感。更令人叫绝的是，徐老师给学生的红包里，既不是金钱，也不是祝福，而是六项特权——把完成作业、体验荣誉、组织活动、锻炼表达、师生关系、服务意识等六个方面包装起来，打包"送"给了学生，让学生既感到暖心，又能够化被动为主动，积极参与到班级的学习和活动中去，独具匠心。如此巧妙的设计，必定是经过了反复的推演和打磨，方能上得如此活色生香。

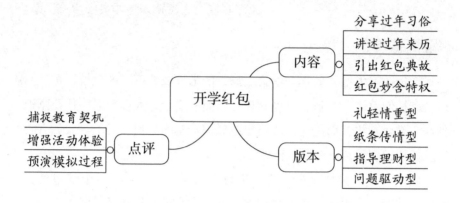

爸爸妈妈的圣诞老人

> 背景 >>

低学段的孩子们还十分相信圣诞老人的存在，他们会在圣诞节来临前积极许愿，期待平安夜那天，圣诞老人乘着驯鹿拉的雪橇，往自己提前准备好的圣诞袜里装上期许已久的礼物。我喜欢他们的这份童真，因此在圣诞节前，我不会破坏这个美好的愿景，而是通过故事，跟孩子们聊聊圣诞老人、圣诞礼物。

> 目标 >>

教会孩子在欣然接受礼物的同时，也反过来爱自己的爸爸妈妈。

准备 >>

绘本《圣诞老人的王国》，视频《圣诞礼物的选择》。

过程 >>

师：我们要迎来一个大家十分期待的节日，是——？

生：（异口同声）圣诞节！

师：分享一下你们的心情。

生：激动、高兴、兴奋……

师：我能感受到大家美好的心情，因为有——？

生：圣诞礼物！

师：太羡慕你们了，可惜徐老师是大人了，圣诞老人只会给孩子们送礼物。之前徐老师给大家读了《圣诞老人的王国》，我们知道了圣诞老人一年12个月的生活，知道了他们会用望远镜观察哪些小朋友比较听话、爱学习、会关心别人等，并把乖孩子的名字记录下来，还要登记每个小朋友的愿望。你们准备好了吗？有信心得到圣诞礼物吗？

（孩子们马上坐得端正，用专注的眼睛看着老师，看来圣诞老人的魔力不小啊！信心十足的孩子声音非常响亮：我会得到礼物的。）

师：你们最想要的圣诞礼物是什么？

生：……

师：徐老师请大家来看一段视频。

（视频内容：美国的一家电视台采访了一些家庭比较困难的孩子，问他们想要的圣诞礼物，然后把礼物准备好送到他们面前。每个孩子见到礼物时都露出了惊喜和不可思议的表情。）

生：哇，他们好开心啊！想要什么就有什么。

师：是啊，有了礼物，大家都想迫不及待地拿回家与爸爸妈妈分享，他们知道自己家不够富裕，不能想要什么礼物就能得到什么礼物。请大家接着看视频。

（视频内容：记者继续采访孩子，问他们知道自己的妈妈最想要什么吗？视频中的孩子们说出了戒指、项链、烤箱、电视机、咖啡机等礼物。）

师：你们知道你们的爸爸妈妈最想要什么礼物吗？

生：衣服、汽车、别墅、电脑、新手机……

师：我们继续看视频。

（视频内容：记者把受访孩子说出的妈妈最想要的礼物也拿了出来，但是提出一个要求——只能带走一件礼物，要么选择自己的礼物，要么选择妈妈的礼物。有的孩子不假思索地选择了妈妈的礼物，有的孩子在犹豫之后选择放弃自己的礼物。所有受访的孩子全部选择了放弃自己的愿望，而去满足妈妈的。记者说，因为你们懂得关心妈妈，你们可以把两样礼物都拿走。孩子们激动得哭了，表示很感恩。拿到礼物回家后，妈妈们也被自己孩子的行为感动了，他们紧紧地拥抱在一起。）

师：视频里的哥哥姐姐为什么都放弃自己的礼物？

生：因为他们爱自己的妈妈。

生：因为他们的妈妈很少有礼物。

师：你看懂这个视频里的故事了吗？

生：我们也要爱自己的爸爸妈妈。

师：是的，从小到大，我们在圣诞节时都只想着自己的礼物，这一次我们也关心关心爸爸妈妈，做他们的圣诞老人，好不好？

生：（齐答）好！

（深圳市南山区南山第二实验学校　徐静）

方法点拨

圣诞节是一个学生们喜闻乐见的节日，一般到了这个节日，班主任可能会这样教育学生：

版本一：简单介绍型。简单介绍圣诞节的由来、圣诞老人和他的驯鹿、人们庆祝时的习俗。这样可以开拓学生的眼界，但总不能每年的同一节点都重复去年的内容。

版本二：借势活动型。在介绍完圣诞节的相关细节之后，借助道具圣诞帽在班内进行"击鼓传花"游戏，圣诞帽传到谁那里谁就把它戴在头上，其他学生发言表扬 TA 的优点，激励个体的同时，也增强了班级的正能量和凝聚力。

版本三：降温思辨型。圣诞节的第二天就是毛主席的诞辰，可以在班会课上介绍毛主席的功绩和历史作用，借西方的圣诞节对学生进行一场爱国主义教育。

版本四：时间管理型。关于圣诞老人有不同的版本，有的版本说圣诞老人只有一个，也有版本说有圣诞老人的王国。但无论怎样，圣诞老人（们）能够在圣诞前一夜之间成功地在全世界范围内发放礼物，这种效率也是惊人的。班主任可以开个研讨会，讨论圣诞老人派送礼物的运转模式，来一堂别开生面的"时间管理"主题课。

徐老师面对一群小学生，能够捕捉到圣诞节这个教育良机，把"在圣诞节收礼物"这种老生常谈的话题来了个神转折，引导学生在收到礼物的同时，也要记得自己的爸爸妈妈。这是怎么做到的呢？关键在于徐老师恰当地运用《圣诞礼物的选择》这个视频素材，增强了班会的体验，让学生观看视频中的小主人公们统统放弃自己的礼物来成全自己的父母时，产生了移情现象；此外，徐老师还融合了心理技术，并未直接教育学生不忘亲恩，而是通过诱导的方式让学生自己得出了结论——"我们也要爱自己的爸爸妈妈"。

学生说出这样的话足矣，不期待幼小的他们说出多么深刻的话语。引导他们在自己得到礼物的同时，仍记得爱自己的爸爸妈妈，作为老师，还有什么能比这更有成就感的呢？

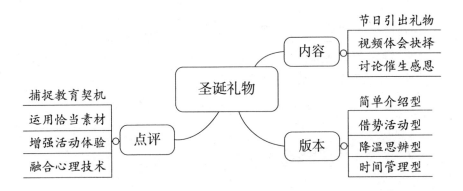

"生"蛋快乐

> 背景 >>

每到年底学生都会浮躁一段，年年如此。快期末统考了，圣诞、元旦相继来临，学生的心怎么能静得下来呢？圣诞节这天，我在QQ群里看到一个段子，觉得很适合微班会使用，于是我有了主意。

> 目标 >>

使学生领悟勤奋做功课是存在的价值体现。

> 准备 >>

圣诞节段子；配图《谁叫你不下蛋呢？》。

> 过程 >>

1. 班会导入。

师：今天有位网友送我一份圣诞礼物，很好玩儿，我讲给大家听听。

2. 陈述段子。

师：大家看这张图（出示配图），这个妇女在做什么？

生：杀鸡！

师：那位网友送给我一个段子：

小鸡问母鸡："妈妈，今天可否不用下蛋，带我出去玩啊？"

"不行的，我要工作。"

"可你已经下了许多的蛋了！"

母鸡意味深长地对小鸡说："一天一个蛋，菜刀靠边站。"

（学生一愣，继而哄堂大笑。）

3. 升华主题。

师：老母鸡的教导是孩子你要记住：存在是因为价值创造，淘汰是因为价值丧失！好好看看这只被宰杀的鸡，过去的价值不代表未来的地位，所以每天都要努力。生蛋（圣诞）快乐哦！

（学生又笑，心领神会。）

师：跟我一起读：一天一个蛋，菜刀靠边站。

生：（笑着大喊）一天一个蛋，菜刀靠边站！

师："生"蛋快乐！

（众人大笑。）

班会感悟 >>

只要有心，资源无处不在，在有些人眼中，它们是无价之宝，而有些人却视而不见，让其轻轻从指尖滑过。此班会只用了几分钟，意味却是深长的。

（河南省济源第一中学　秦望）

方法点拨 >>

在校园里，"节日"是一个让班主任们又爱又恨的神奇事物——"国庆节""母亲节""劳动节"等让德育可以借势，"教师节"让老师感到幸福，而"情人节""七夕节""平安夜"等则让班主任们草木皆兵。一般而言，对待节日，班主任们的态度不外乎以下三类：

版本一：与生同乐型。新年过后发个红包、冬至当天包个饺子、元旦晚上开个party；活泼点的老师表演个节目，内敛点的老师课堂"点题"；再不济也要"顺应民意"，找节自习课放个电影，既能缓解学习压力，又能增进师生感情。但这种做法如果不加以限制和引导，容易惯坏学生、带坏学风，且节日自带浪漫属性，频繁的节日活动必然成为早恋的温床。

版本二：如临大敌型。如上所述，中西方的各色情人节给了多少明谈暗恋的男女生约会、表白的机会，又影响和鼓惑了多少少不更事的纯情学生；就算没有情人节，圣诞、元旦、除夕、中秋等都自带旖旎属性，更不要说万圣节、愚人节这类天生自带搞怪属性的节日了，我校曾出现过整栋楼围观大叫、吹口哨、群扔纸飞机等群体性骚乱，甚至有一次一个没留意，整栋楼的学生在晚自习课间兴奋大哗，过去一看，竟然有学生从楼上点燃了纸条往楼下丢。这阵势，怎么不叫人胆战心惊！于是乎，每逢佳节倍兢兢，上至校领导、下至班主任，对学生动之以情、晓之以理、胁之以威、查之于寝，唯恐天下皆乱，控制不住！苦等至灯阑人静，安全无虞，领导、主任们的小心脏才算落肚为安；可节日气氛被破坏殆尽，为人师者也体面尽失，细思苦极。

版本三：借势教育型。你喜欢或者不喜欢，节日就在那里，不早不晚。既然躲不过，不如借势而为，对学生进行节日教育：新年讲家风、端午节讲忠诚、重阳节讲敬老、国庆节讲爱国、情人节讲爱情（反对早恋）、圣诞节讲毛泽东（毛主席的诞辰是 12 月 26 日，有班主任提倡中国人要过自己的"圣诞节"）。无论如何，这种把节日化为己用的方式还是值得称道的。

这堂班会是一节"受素材启发而催生"的预设型课例：困扰于圣诞节里学生的浮躁，见到"生"蛋快乐这样的素材如获至宝，当场决定给学生上这么一堂微班会。段子固然精彩，难就难在怎样把道理渗透进去：没有去说教学生，而是借母鸡的一句"一天一个蛋，菜刀靠边站"，形象地传达了"存在是因为价值创造，淘汰是因为价值丧失"这个观点，犀利又传神。要知道，"好好学习"类的说辞学生早已腻烦，而借母鸡的嘴说出"每天都要努力"的时候，学生没有了排斥情绪，自然能够认同，入耳入心也就不奇怪了。

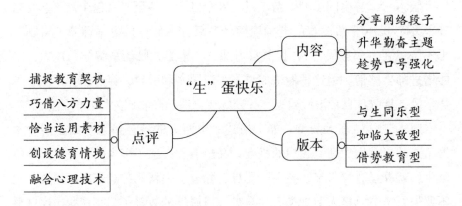

爱是需要表达的

背景 >>

教书20多年，学生遍天下，教师节收到无数的祝贺短信一点都不惊奇。不过，我今天一直在惊奇。为什么呢？因为从早上到下午第六节我去教室上课，孩子们都像无事一般。既没有看到他们兴奋的表情，也没有听到他们突如其来的祝福，更没有收到一张写满关怀和爱意的小纸条，花就别想了（我笔筒里有三枝花，那可是10班孩子送的）。其他的老师也在办公室自言自语——这些孩子的情商确实有点低。

目标 >>

教孩子学会表达爱。

准备 >>

带上《爱的五种语言》这本书。

过程 >>

（我来到教室，深表遗憾。）

师：我记得曾跟你们说过"不要你的金，也不要你的银，只要你的心"。这个心就是尊敬、理解、关爱之心。今天是教师节，我收到无数祝贺短信，却没有得到你们的一句问候，心里多少还是有些遗憾的。我自己就不说了，毕竟我们才认识几天，情感淡漠也是正常的。但是其他老师呢，一直在教你们的老师呢？送上几句祝贺真的就那么难吗？或者说你们真的就不会用行动来表达爱吗？

（孩子们都沉默着。我用目光在教室里扫视了一圈，看得出他们心里都有些愧疚。）

师：（沉声说道）没错，师爱是师德的核心，身为教师，必须去热爱自己的学生，这是为师的职业要求之一。但是，大家有没有想过，如果只有老师单方面来爱，爱得过来吗？咱们班有48个孩子，个个都爱，给每个孩子准备一份贮满爱的大礼包，可是我只有一颗心啊，我得把我这颗心均分成48份，这样一来，我心都碎了。可是，如果我们换一种方式来爱，你们个个都来爱我，每人拿一颗真挚的心送给我，我就可以有48颗心，加上我的一颗，那我全身都会充满爱。当我全身都充满爱了，我释放出来的爱是不是就照顾到了每个同学呢？所以，孩子们，你们都来爱我吧。

（我向学生展示手上的《爱的五种语言》一书。）

师：老师最近在读这本书，想以它为参考，做一个"爱的语言"的测评内容，以便测试出每一位同学的"爱的语言"，然后根据你们的需要给予恰当的爱。

（学生们非常诧异，眼里充满了感动与好奇。）

师：爱是一门艺术，是需要学习的，有的人付出无尽的爱，但是身边的人始终感受不到，为什么？因为他给出的爱不是别人想要的，所以别人无法感知。有的人，始终看不懂别人对他的爱，因为他读不懂别人的爱语。人世间，有太多的人因为读不懂爱语而产生误解和曲解，致使有爱的人分道扬镳，或者是受尽伤害。

师：（侃侃而谈）那么我的"爱语"是什么呢？我坦诚告诉大家，是行动，也就是说，我最看重的不是说得多好听，也不是送我礼物，而是尽心尽力的行动。比如，我上课的时候，你认真听讲，眼睛里闪着求知的光芒，我就感觉到你的爱了，我就会浑身来劲，恨不得废寝忘食地工作。还有，我进教室看到地面脏了，准备拿起扫帚扫地，这个时候有同学过来帮我，我就感受到爱了，我会非常开心，深感安慰，就会全身心地来回报这份爱！当然，我也需要一些美好的言词，比如你与我碰面了，热情地跟我打个招呼，我会感到幸福温暖。过年过节，我能听到你一句真诚的"老师节日快乐"，我也会感到幸福绵长，觉得此生有学生真好！

（我在电脑屏幕上打出了各位老师的电话号码。）

师：今天没有把祝福送给老师，晚上回家给老师们发个信息，问候一下，也是一样的。爱要说出口，用行动表达出来，别人才知道，你深藏于心，谁知道呢？

（我的话刚说完，孩子们马上挤在讲台上抄写老师们的电话号码。顺便告诉大家一声，晚上我的手机信息刷屏了。）

（深圳市光明中学　钟杰）

方法点拨 >>

这是一个融合心理技术的典型课例。教师节到了，学生们不但没有准备礼物或祝福，还表现得像个没事儿人一样。很多人都觉得老师爱学生是天经地义的事，被未成年人忽略与漠视也是正常的。其实老师内心也有个小孩，也需要刷点存在感，渴望被关注。所以，这帮孩子的表现的确让老师寒心。面对情商如此"低"的孩子，班主任可能会这样做：

版本一：私下安排型。私下找班长交代一番，"你看别的班级都给老师们买了小礼品，咱们班不买会让老师们感觉咱们班的学生不懂事，你去组织一下"。于是，班长从每个学生那收了几块钱，给老师们买了教师节小礼品。

版本二：若无其事型。教师心里失落，表面上若无其事，过了这一天就没事了。但教师心里可能会很长时间都不舒服，影响师生关系；同时也错过了提高学生情商的机会。

版本三：一通臭骂型。把全班学生骂一顿，但骂也有骂的艺术，骂得好听，学生去买了礼物；骂得不好听呢，学生也忍了；遇到心态不良的学生，可能会把老师告了。你若不信，还真有这么回事儿，请看事件回放：2014年教师节，因不满没收到的学生礼物，黑龙江省依兰县某教师在课堂上公然谩骂学生并索礼。依据家长提供的现场录音，该教师足足训了学生一节课时间，其中还不乏侮辱谩骂的字眼。随后，班长组织同学集资，花费296元购买了6箱牛奶，分别送给了该教师在内的六名授课老师。

事件曝光后，该教师当天晚自习时向学生认错，她面对电视镜头说："我确实是错了，我也很后悔，请大家原谅我，以及社会各界关注这件事情的人们，我也对不起大家了，请大家原谅。"依兰县教育局给予撤销教师资格的处分，清除出教师队伍。

该教师主要不是为了那点儿礼物，而是因为："人家别的班都买了，咱班没买,你说我丢不丢人。"她一是怨学生不懂事,自己作为班主任很没面子;二是怕老师们对本班有看法。出发点是好的,落脚点粗暴啊!

版本四:非暴力沟通型。钟老师非常清楚,就算班主任不在乎,也不等于别的老师不在乎,班主任更没有权利去要求别人在乎还是不在乎。相较于任课老师的看法,她更在乎的是孩子们会不会关爱,他们是否学到了如何用语言、文字、行动去表达爱。因为孩子们今后必然要生活在无法避免的人际关系里,必须读懂爱的语言,必须给予别人合适的爱,唯有这样,才有可能获得幸福的生活!这才是她身为人师孜孜不倦追求的目标。

那么,钟老师是怎么做的呢?

通过细致的观察,在敏锐地捕捉到这个教育契机之后,她首先客观地表达了事实:"今天是教师节,我收到无数祝贺短信,却没有得到你们的一句问候";接着坦诚地表达了自己内心的感受:"心里多少还是有些遗憾的""我心都碎了";看到孩子们心有悔意,趁机表达了被爱的需求:"孩子们,你们都来爱我吧";然后提出明确请求,将爱的方式阐释为认真听讲、主动帮忙、主动打招呼和主动祝福等具体的行动。美国心理学博士马歇尔·卢森堡在他的巨著《非暴力沟通》一书中明确提出了四个沟通技巧:观察事实和表达事实、体会和表达感受、发现和体会需求、提出明确的请求。纵观钟老师的谈话,会发现她的表达完全暗合了以上四个技巧。钟老师不但教会学生去表达爱,她自己也以爱为出发点,用爱的语言去教育学生、感动学生。结果,晚上她的手机信息刷屏了。钟老师与前面那位教师的做法立分高下。

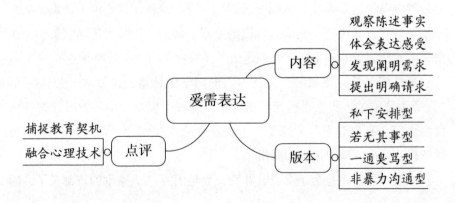

学习方法导航

厕所 5 分钟，学出新高度

背景 >>

高二上学期的 12 月份，正是学生们冲刺期末的时候。然而我发现，有的学生一边抱怨着任务重、没时间，一边在课间饭后怡然自得；另一些学生则一边早起熬夜，一边在碎片时间茫然发愣。显然，他们缺乏利用碎片时间的意识和方法。正好我在微信上看到一篇关于厕所内学习的文章，就改编成了一节微班会。

目标 >>

树立利用碎片时间的意识，掌握利用碎片时间的方法。

准备 >>

准备微信文章《厕所 5 分钟，学出新高度》，并制作课件。

过程 >>

师：同学们，我在底下听到不少同学抱怨"没时间复习"，是这样吗？
（学生们如遇知音，点头不止。）
生：自习课太少了，没时间复习纠错。
生：各科老师抢时间，课余时间被作业压得喘不过气来。

生：就是，作业太多了。

……

师：大家反映的这些问题我会一一核实，并尽力为大家协调。不过，眼下老师有一个问题问大家：你们觉得自己和高三的学长们相比，谁的时间更紧、任务更重？

生：（纷纷回答）当然是高三的了！

师：（紧追不舍）那他们是怎么解决这个问题的？

（学生们一愣，不知道该怎么回答，显然他们没有考虑过这个问题。）

师：今天老师去高三那边办事时，"借用"了一下他们的厕所（学生笑），无意中发现了这个现象——

（展示了一张男生厕所的照片，当然面部是打了马赛克的。学生大笑："老师你竟然偷拍！"）

师：（指出重点）大家注意到了没有，其中4个坑位有3位男生在看书。

（学生大哗："不是吧？！太变态了！""课外书吧？"）

师：为了帮大家确认，我立刻转了转其他男生厕所……

（学生又笑，当他们看到我展示的照片之后，立刻惊呼连连——几乎所有的厕所里都有人在看书，而且明显是在学习。）

师：大家现在有什么想法，说说看？

生：学长们惜时如金的精神令人感动，但在厕所里看书，这不大好吧？人家见了会笑话的！

生：对，而且我觉得也就五六分钟的事，不如好好上厕所，早早回来一样能学习。

（学生们一片附和声。）

师：（也不着急）嗯，五六分钟。我们就按五分钟算吧，你们知道五分钟的时间里能发生什么事吗？五分钟时间里——

光，跑了89,937,737.4公里！

世界纪录保持者能够表演15个大型魔术！

美国高中生命中了135个三分球！

日本大胃王吃了147碗面条！

武汉大学学生能速记560个数字！

8岁的儿童参加珠算比赛能做完120道题！

以华少《中国好声音》口播广告的速度，可以读2400个字，约为160条广告！

学霸可以背30个陌生的英语单词，阅读一篇500词的英文文章！

（学生们再次惊呼，指着其中的数据议论不休，明显被震撼到了。）

师：我理解大家的心情，也完全同意上厕所不一定非要学习。但大家一定要明白，高三的学长们因为高考迫在眉睫，所以利用了一切可以利用的时间，在厕所里学习只是一种极端情境：如果他可以在厕所里学习，又怎么能放过其他可以学习的场景？反过来说，如果你真的把期末考试看得非常重要，又怎么会介意在厕所里学习？

（学生们表示认同。）

生：但是老师，在厕所里拿课本不太方便吧？万一不小心掉下去怎么办？（学生笑，他们的确有这个担心。）

师：（胸有成竹）不用担心，老班可是"过来人"（学生笑）。经过亲测（学生又笑），厕所最佳学习利器就是——卡片！制作简单、材料灵活、携带方便、随时随地！其他使用潜能请自行挖掘！

（我一板一眼地说着，学生早已笑得直不起腰。）

师：关键是你抄在上面的知识点，最好具备以下特征：①模块独立，可以有效节省你的注意力；②内容简短，降低执行的门槛；③需要反复巩固，枯燥需牢记的知识点用碎片时间巩固效果最佳！

（学生们纷纷记下要点，心急的同学已经开始撕纸制作卡片了。）

师：刚才说到，厕所学习只是一种极端场景，但卡片学习却可用在任何的碎片时间中。现在请大家思考：除了厕所以外，还有哪些碎片场景可以利用？

生：三餐后甚至在吃饭来回的路上。

生：买饭排队的时候。

生：刷牙的时候把卡片贴在镜子上。

生：卡片可以贴在墙上或上铺的床板上。

生：跑操前等待的时候。

生：开晨会无聊的时候。

……

（听着学生们脑洞大开的发言，我知道，利用碎片时间的观念已经悄悄扎根在他们的意识当中了。）

（河南省济源第一中学　侯志强）

方法点拨 >>

在网络上搜索"碎片时间"，呈现的结果以十万计；而说到如何指导学生利用碎片时间，各路大神也是奇招尽出。

版本一：宽泛要求型。这类班主任一般先给学生算笔时间账，比如"人生平均多少天，吃饭、睡觉多少天"之类，用以警示学生重视碎片时间、提倡高效利用时间。然而具体怎么利用却语焉不详，要求过后不了了之。

版本二：面面俱到型。这类班主任则进了一步，不但谈到了碎片时间的重要性，而且详细讨论了各种场景下碎片时间的利用技巧。可惜人的大脑容量有限，能记之事往往"事不过三"，这种一言堂式的全面灌输效果仍然有限。

版本三：单点突破型。上文这堂班会课就试图绕开前面两种空泛的做法，而代之以实际且具体化的指导：首先，在学生备考期末期间发现学生的时间盲区，捕捉到了教育契机。其次，从"蹲厕所"这个典型的碎片场景出发，为学生创设了一个具体可感的德育情境；虽说"在厕所学习"引起了不少师生的争议，但我们的用意并不在此，而是尝试通过这堂"有味道的"班会增强学生的体验，博得学生的情感认同后再把"碎片时间"的理念渗透到其他场景中去。再次，在和学生交流的过程中，刻意避免对学生使用指责性陈述，而是以和善的语气和坚定的立场来进行非暴力沟通，力求让学生在教师的引导下自动得出结论。因此，在前期的备课和模拟推演中，着实是需要费一番功夫的。

附上学生班会后的心得："这次班会主题是'厕所5分钟，学出新高度',嗯,这确实有点匪夷所思。接着老师展示了在这5分钟内别人能干些什么,像日本大胃王吃147碗面,小学生算120道题,学霸记30个陌生英语单词。这不禁让我惊呆了!接着老师展示了他的'如厕学习计划',首先是准备卡片(听说是老班亲自测验出的),然后在上面写些独立、简单、需要反复记忆的知识点。在如厕时,顺便记忆。嗯,这是一节充满味道的班会!"

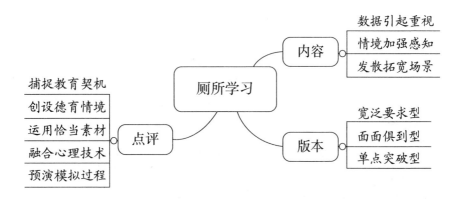

学习的三种境界

> 背景 >>

中午课间操结束后,距上课还有15分钟。我随着学生们来到了教室,本来是想让他们尽快安静下来,多看会儿书,但看着他们有说有笑的,我改了主意,坐下来静静地观察他们的课间举动。

前排有几个女生正聚在一起讨论问题,有人接水,有人在吃苹果,讲台上三个男生在擦黑板。我忽然注意到坐在角落里的高峰——这是班级的第一名,从没有拿过第二——正安静地坐着做试卷,任凭周围人声嘈杂,他都不为所动,心无旁骛。我好像在沙漠中看到了绿洲,想起前一天与秦望老师讨论的"高三学生必备的素质"这个话题,稍微整理一下思路,开始了我的发言。

> **目标**

通过树立典型引导学生利用碎片时间并持之以恒。

> **准备**

提前整理思路，确保清晰。

> **过程**

师：同学们！咱们跑完操距上课还有15分钟，我进教室时距上课还有10分钟，现在距上课还有3分钟。在这7分钟内我观察到同学们有这样几种表现：

第一，说说笑笑放松型。吃苹果的、擦汗的、接水的，大部分同学都是这个类型。

（随着我的话语，同学们把目光投向对应的同学。）

第二，为上课做准备型。值日的几个同学在擦黑板；前面的几个女生在讨论试卷。

第三，我看到了高峰，在那里安安静静地坐着，那么的平静，让人感觉看到了他整个世界都安静了。

（同学们都把头扭向了高峰，他有点不好意思。）

师：昨天我和一位老师交流的时候，谈到高三优秀学生必备的素质。根据今天的观察，我总结出了高中学生学习的三个境界。

（听到三个境界，同学们来了兴趣，抬起头望着我，静听我的分解。）

师：第一境界，让我学，我就学，下课就不学，放假更不学。就像咱们班级的部分同学，只要上课铃不响，就不可能进入学习状态，但只要上课铃响了，课代表有提示了，就开始翻书进入学习状态。这是第一境界，把学习当成了工作，到点就学，到点就休息。

第二境界，充满激情，干劲十足。就像咱们班级的部分同学经常会说："高三了我要好好学习，我一定要好好学习，我要好好学习了"，但时间一长就没劲了。

第三境界，外表平静，内心强大。这类学生知道自己要干什么，可以持久地努力，成绩自然很棒。

（同学们静静地听着，若有所思。）

师：处于第一境界还不错，毕竟该学的时候学了。如果再来点激情，就会让自己的学习生活多点波澜。处于第二境界更不错，关键的时候知道努力，往往能取得一定的进步，但高三是一场马拉松，你用百米冲刺的方式去跑，能坚持多长时间？第三境界则是我希望各位同学达到的境界，内心无限强大，不管风云如何变化，永远知道自己需要什么，并努力去得到它。咱们班的同学大部分处于第一境界，有少部分处于第二境界，个别处于第三境界，还有些同学没有境界。没有境界的同学，高考肯定不会考好，第一境界的同学考个二本不成问题，第二境界的同学努努力能上一本，第三境界的同学是可以上名校的。希望大家努力提高自己的境界。

（河南省济源第一中学　魏俊起）

方法点拨

碎片时间的利用是班主任们最为关注的常见话题之一，为了提高利用率，除了上篇点评中的版本，班主任们往往还会采取以下做法：

版本一：狠抓猛批型。新手班主任往往会在每个关键节点（建班、开学、考前冲刺等）先明确提出具体要求，然后亲力亲为，专门挑碎片时间进班巡视。这种做法往往立竿见影，在初始阶段起到很好的效果。但缺点是学生的自觉性难以建立，班主任被绑在班级无法脱身，否则所谓"养成了的习惯"不到一周就彻底崩盘；就算班主任能够做到"得机必至"，学生也容易身在曹营心在汉，普遍出现"假学习"现象——你管得了我的人，还管得了我的心吗？这时候班主任就容易气急败坏，对全班同学猛批，字字高能、句句戳心，生怕自己的话不够"给力"，雕不动学生这些朽木；期待自己的话可以振聋发聩，惊一惊学生发呆的眼神。然而结果呢？学生成功地记住了你尖酸刻薄的形象。

版本二：制度约束型。这类班主任一般都是老手，分别从班委和任课老师身上做文章。要求纪律班委在三餐后提前管理，让学生早早进入状态；要求课代表在上课前提前组织，从身心到用具到预习都做好准备；倡导任课老师提前进班候课，不但利用了碎片时间还顺带树立了老师的敬业形象、增进了师生感情。这种方法要比第一种方法境界高出许多，但仍缺少精神引领。

版本三：树立榜样型。魏老师的这堂微班会就是一个很好的例证。魏老师敬业勤勉，跑操后还能关注碎片时间；心细如发，观察学生百态细致入微；当机立断，临时把督促调整为观察；借题发挥，由表扬先进升华到"学习境界"。没有心，就无法像他这样在日常小事中敏锐地捕捉到这么绝佳的教育契机，并见缝插针地发表演讲；没有爱，也不能像他这样洞察学生心理、舍批评责骂而取精神引领。榜样的力量是无穷的，学生看到身边有如此优秀的同学，又听到班主任侃侃而谈"学习境界"，怎么能不心悦诚服、心摹手追？

如果说《厕所5分钟，学出新高度》是在呼吁学生关注和利用碎片时间，那么这堂微班会就是在引导学生叩问关注碎片时间的动机，较其更进了一步。倘若魏老师能够再进一步，把这三个境界从学习推及做事、从做事升华至做人，三个维度分别对应三层境界，兼具宽度和高度，相信会收到更好的效果。

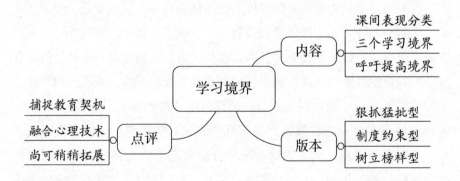

先令而行

背景 >>

本班是济源一中高三应届班,班级性格属于聪明懒惰型。学习风气和习惯极其不好,纪律性差,行为散漫,并且抄作业现象严重,成绩多次倒数第一。高三开学时换我当班主任,经过两个月的调整,班风虽有比较明显的改善,但根基不稳,尚需引导敲打。

目标 >>

借上课之机,强化学生学习的主动意识,警惕懒惰回归。

过程 >>

(在讲《学生双语报》中的短文改错时,其中有句话是:"I'm sure my parents are going to be proud for me if I get a master's degree."纠错点是把 be proud for 中的 for 改为 of,我借点拨此知识点为机,顺势插入德育。)

师:请注意这个短语的介词为 of,该短语的意思是为某人感到骄傲。今天小早读生物老师告诉我她现在给咱们班上课是一种享受,我听了备感自豪:I'm proud of you!

(插,由学科教学到德育。学生会心一笑,很是受用。)

师:不仅生物老师在咱班上课是一种享受,我在咱班上课也是一种享受。当然,这是和你们上一届的学长相比较而得来的结论。

(展,引出德育主题。学生又笑,竖起耳朵静听下文。)

师:记得我曾给你们的学长分享过三句话,说这个世界上分为三类人。

(我转身在黑板上狂写:"下者虽令不行,中者遵令而行,上者先令而行。")

师:(进一步解释)素质低的人得到指令后却不行动或偷懒抹滑,这样的人一辈子都不会有大出息,是为下者;一般人得到指令会认真完成,这样的人一般会有一个比较好的前景,最起码能成为骨干或中层;而第三种人则会在指令发出之前就有了预判并提前行动,这样的人总是会成为领袖般的人物。就像咱班的几位同学,我今天布置练习短文改错,他们早已经提前做完了。

(捧,激励先进典型。受到表扬的学生表情愉悦,其余有人观望、有人讪讪。)

师:可是就在我给他们分享完的第三天,他们的作业没有做完,我说没做完的到后面站一站,结果几乎是全体起立,在座的不到十人!

(落,激起成就感。全班大笑,学生们想到自己班级的完成情况良好,得意之情溢于言表。)

师:同学们你们自己说说,老师我向来布置的作业多不多?

生:(不假思索、异口同声)不多!

师:说良心话,真是不多呀!每次给你们布置作业,我都要思考两个问题:一是其他作业多不多?二是布置太多会不会逼得你们抄作业?慎之又慎啊!

(退,拉起民心所向。学生有人点头,有人沉默,若有所思。)

师:可就是这样,他们还是完不成。软的不吃,非要吃硬的,从此以后我就对他们改变了待遇,你们懂的(学生笑)。当然,咱班多数都能完成任务,希望同学们再接再厉、先令而行,无愧于2000年出生的"小龙人"的身份!(挤,明捧暗敲。)好了,咱们继续(收)。

(学生得意地笑着,学起来精神更专注了。)

(河南省济源第一中学 侯志强)

方法点拨

中国的家庭教育中有一个奇怪的现象——每个家庭里都住着一个"别人家的孩子",这种教育风格自然也被带到了校园里。那么,班主任怎么用好"别人家的孩子",令其正面带动自己的学生呢?我们不妨反过来思考,看看哪些做法起到了反作用:

版本一:比错对象型。"这次考试考得太差了!你看人家隔壁重点班,无论是优秀人数还是平均分数,都全方位碾压咱们。同是一届学生,就不能给自己争点气吗？""这次考试考得还不错，但跟隔壁重点班比起来，差了仍不止一星半点，比如……因此我们不能懈怠，仍需努力。"坦白说，不在同一起跑线上的比较是毫无意义的。普通班拿重点班进行对标是可以的，但若是把握不好度，必然是长了他人志气，灭了自家威风。长此以往，必将士气低落，破罐子破摔。

版本二：全面比较型。"隔壁班作业上交率多少多少，咱班多少多少；隔壁班卫生排名第几，咱班第几；隔壁班教师节给老师送花了，咱班没有……"这类班主任工作既无目标，更无重点，只是盲目攀比。长此以往，必将毒害全班——干扰了正常的学习和生活秩序不说，轻则招惹学生厌烦，令其自行其是，不再搭理班主任的指令；重则造成学生目光短浅、盲目攀比，甚至激化两班矛盾。

版本三：强行绑定型。"隔壁班的数学成绩太差，我跟他们班主任商量了一下，决定给他们增加作业。为了保证进度统一，咱们班也一起做，题多不压身。"这类班主任不结合两班具体情况，凡事喜欢统一要求。表面上看是图省事，本质上仍是对自己班的班情没有深入的了解，必然会引起学生的怨言。

通过以上分析，我们发现"隔壁家的孩子"也不是拿来就能用的，起码应该符合四个条件：第一，比较双方差别不宜过大；第二，比较内容不宜泛滥，要精心挑选；第三，不宜盲目攀比或效仿，要结合班情合理决策；第四，不宜在兄弟班级之间进行比较，容易引起师生嫌隙。

此外，适当的横向比较有助于学生科学定位，若能配合纵向比较，即让学生跟自己以往的表现相比，效果更佳。

本节班会在巩固成果的关键时刻，没有直接对学生进行说教，而是在课堂上借助英语知识讲解进行德育植入，巧用"隔壁的孩子"借力"打牛"，对学生的表现进行了及时的总结评价，令学生捧腹之余欣然接受教育，让学生在反思之下各有所得。

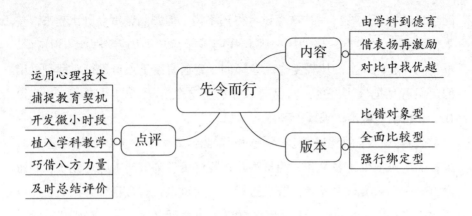

操场里的奥秘

背景 >>

班上的孩子们特别喜欢"研究"操场。他们总是充满好奇,一到操场就去捡草坪里的黑色橡胶粒,一把又一把,兜里装得满满的,手指也跟挖了煤矿似的乌黑,怎么阻止也不见效。后来我想到,既然孩子们这么好奇,我何不好好满足一下他们呢?我决定开一节班会课。

目标 >>

满足学生的好奇心,告诉他们草坪需要橡胶颗粒,不能捡或者带走。

准备 >>

准备橡胶粒的作用的资料。

过程 >>

(周一的早晨,孩子们举行完了升旗仪式。当别的班级陆续回到班级时,我邀请孩子们留在操场上。)

师：徐老师现在请大家留在操场上，干什么呢？——那就是研究操场。

（孩子们一下子炸了锅。）

生：徐老师，要研究什么呢？

师：你先观察一下操场，你能发现什么？

生：草是假的。

生：草里面有黑色的东西。

（孩子们脑洞大开，七嘴八舌。）

师：现在请大家坐下来，捡一捡黑色的橡胶粒。

生：哇！

（孩子们立马坐下来，忙得不亦乐乎——平时都是被我阻止的行为，现在突然被要求捡，那是多么的兴奋哪！）

师：伸出你的小手，让老师看看你的"成果"。

（孩子们还在比多少呢！）

师：我想问问大家，在绿色的草坪里为什么会有这么多的黑色橡胶粒呢？

生：不知道。

师：那是因为我们的草坪是人工草坪，它——

①太干燥了，需要橡胶颗粒吸水来滋润自己。

②太光滑了，需要橡胶颗粒增加草皮的摩擦力，让我们跑得更快。

③太薄了，铺上厚厚的软软的橡胶颗粒，就能缓冲场地对膝盖的冲击，即使摔倒了也不会特别疼。

（孩子们盯着这些神奇的小东西，眼神都变了，原来它们的作用这么大呀！）

师：我再问问大家，绿色的人工草坪能不能少了橡胶颗粒？

生：不——能！

师：谁知道我为什么要讲这些？

生：希望我们不要捡，也不能带走。

师：说得对！我跟大家约定：知道了橡胶颗粒的奥秘，我们需要保护它们，让这些小卫士们继续保护草坪、保护在操场上运动的小朋友们。能做到吗？

生：能！

师：好。去洗个手，回教室吧！

（深圳市南山区南山第二实验学校　徐静）

> 方法点拨 >>

一群熊孩子不好好在操场上玩，反而对操场草坪的橡胶粒感兴趣——连拿带装，三令五申都收效甚微——相信不少有过类似经历的老师都感同身受，恨得牙痒痒。想要杜绝这种现象，老师们可能会这样做：

版本一：当众发飙型。当着全班的面大发雷霆："说过多少次了！不让拿不让拿，把我的话当耳旁风了是不是？你们的手怎么那么欠呢！'不问自取是为偷'知道吗？下次再看到谁还偷学校的橡胶粒，直接叫家长！"偌大的帽子扣下来，胆小的孩子肯定要被吓坏的，估计就不敢了，但坏处也是巨大的：

①以偏概全，错骂了许多没捡橡胶粒的孩子。

②乱贴标签，错给孩子扣上了"偷盗"的帽子。

③简单粗暴，容易引起孩子（尤其是胆大的孩子）的抵触心理，反而跟你对着干。

版本二：擒"贼"擒王型。找到带头捡得最厉害的几个淘气包当"典型"，罚他们捧着捡来的橡胶粒在操场上"示众"一节课，再叫家长批评教育，然后写检讨在全班朗读，以儆效尤。如此打击面是小多了，而且打击对象也精准，肯定有奇效。但这样做对当事人伤害太大，容易留下心理阴影。

《未成年人保护法》第二十一条规定："学校、幼儿园、托儿所的教职员工应当尊重未成年人的人格尊严，不得对未成年人实施体罚、变相体罚或者其他侮辱人格尊严的行为。"变相体罚同样会侮辱学生人格，伤害学生心灵。其形式有以下几种：

①罚抄：强制性罚抄过量作业。（具体作业数量一般可定义如下：罚

抄词语、定律等超过五遍，诗歌、规则等超过两遍，课文超过一遍。）

②罚钱：不论数目多少，不论形式如何。

③罚做值日或罚其打扫卫生并连续几天。

④以练习为理由的体罚学生或罚跑、罚跪、罚蹲等。

⑤逐出教室而不及时处理。

⑥辱骂学生，讽刺挖苦学生。

⑦敲教鞭，甩东西。

⑧未经领导同意，随意停课或停止学生参加一切活动。

此外，《教师法》第三十七条规定："教师有下列情形之一的，由所在学校、其他教育机构或者教育行政部门给予行政处分或者解聘：（一）故意不完成教育教学任务给教育教学工作造成损失的；（二）体罚学生，经教育不改的；（三）品行不良、侮辱学生，影响恶劣的。教师有前款第（二）项、第（三）项所列情形之一，情节严重，构成犯罪的，依法追究刑事责任。"

所以，奉劝老师还是冷静行事，千万不要图一时之快而做了好心办坏事的法盲，害人误己。

版本三：情境体验型。苏联教育家苏霍姆林斯基说过："人的内心里有一种根深蒂固的需要——总想感到自己是发现者、研究者、探寻者。在儿童的精神世界中，这种需求特别强烈。但如果不向这种需求提供养料，即不积极接触事实和现象，缺乏认识的乐趣，这种需求就会逐渐消失，求知兴趣也与之一道熄灭。"徐老师本人也说，"了解儿童心理，了解孩子们好奇心的驱使力，才能做好真正的引导、教育""有时费尽心思地堵，不如做好疏，效果更能让你出乎意料"。正是因为如此，她没有采取上面的两种方法，而是巧妙地创设一个情境——把操场变成教室，给孩子们讲解了橡胶粒的巨大作用，把德育课堂变成了生物和物理课堂，让孩子在认知上获得提升的同时，情感上也接受了老师的引导。徐老师的整个教育过程和善而坚定，正是深谙"正面管教"理念的体现；也正是因为心中有爱，才能如此体贴周到地呵护孩子的好奇心和童真。

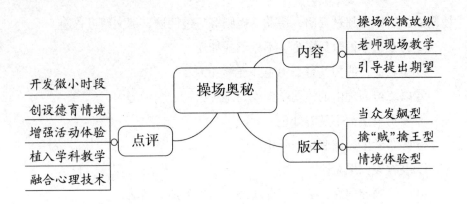

寒假是用来超越的

背景 >>

有人在微信群里转发了文章《寒假不是用来休息的，是用来超越的》，讲述的是双胞胎焦宇晨、焦宇晓一起考入让人艳羡的清华大学的学习故事。期末考试阶段，这对双胞胎的学习方法也值得借鉴。

目标 >>

想通过这个案例告诉学生们，如何努力学习。

准备 >>

整理那篇文章，并制作成PPT。

过程 >>

师：（利用放学时间问）期末考试快要来临了，大家复习得怎么样了？该背的内容背完了没有？

（我分别抽查了两个成绩优异的和两个成绩不理想的同学，后者的复习效果可想而知。）

生：（窃窃私语）你问的学渣和学霸是两个极端。

师：你以为学霸这么好当？你们知道我们班的学霸是怎么学习的吗？

生：我知道，我看到××同学下课了还抓紧时间在学习。

生：××同学作业一丝不苟，非常认真。

生：××同学专门整理了一套错题集。

（学生们开始议论了，难怪他们每次考试都那么好。）

生：××同学一下课就拿着数学练习题去问数学老师。

生：我们的英语学霸每天都会默写20个单词，英语老师天天表扬她。

……

师：同学们对身边的同学观察都很仔细啊，你们自己的学习是这样的吗？

生：肯定是有区别的。

师：去年有一对双胞胎学霸一起考入了清华大学，你们想不想了解她们是怎么学习的？

生：想！

（我把专门制作的PPT展示出来，并且按照原来的主题分了几个章节。每展示一个章节，就请同学们总结出主题。学生们很活跃，我也不停地鼓励学生们作出总结，结果他们的总结与原稿相差甚微。）

生：坚持不懈。

生：不忘初心。

生：拼搏无悔。

生：相互促进。

……

师：（总结）大家都看到了吧，每一个人的成功都是要付出努力的。俗话说"一分耕耘，一分收获"，古语又云"天道酬勤"，都是有道理的。我希望每一个同学从今天起都奋发图强，为了你们的近期目标而努力，克服一切困难，不为自己找借口，要为成功找方法，这样胜利就会出现在你们的眼前。期末考试大家一起加油！

（最后，全班又集体喊了三遍班级口号，振奋人心，气氛非常好。）

（湖南师大附中高新实验中学　曹学武）

方法点拨 >>

这是一个典型的"由优秀素材激发灵感"的预设型班会。遇到优秀的德育素材，班主任们通常会这样处理：

版本一：口头发挥型。不作任何处理，直接拿到班里朗读一下或用多媒体在班级展示一下，然后即兴发挥。除非班主任素质极高，否则这种方法极难产生大的效果。

版本二：简单加工型。这类班主任有素材加工意识，把文章转换成了课件，用PPT把素材分卡片展示出来，有效地提高了学生的吸收效果，但整体而言仍然属于单向灌输，仍有较大的提升空间。

版本三：深度挖掘型。这类班主任更上一层楼，不但做了课件，而且还考虑了如何设计以让这个课件效果达到最佳。这样境界就高了。

曹老师就是第三个版本的践行者。他做了课件，但并没有一上来就给学生们展示，而是从询问学生的复习情况入手，引导他们关注身边的学霸，最后才抛出素材；在展示课件内容的环节，他也没有平铺直叙，而是巧妙地设置互动，让学生自己总结出每个章节的主题，这就大大增强了学生的心理体验，变单向灌输为互动生成。以上种种反映出曹老师不但善于恰当运用素材，而且善于增强活动体验，精于环节设计，才做出了这样一个预演模拟的良好课例。如果曹老师能在最后总结时回扣"寒假是用来超越的"这个主题，做到首尾呼应，则会使本课主题更凝聚突出，也更有力量。

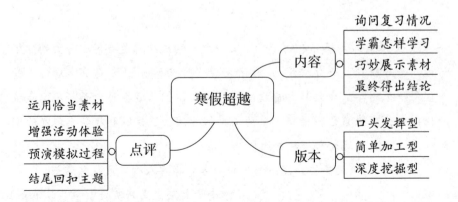

拼搏动力激发

敢打必胜

>> 背景 >>

课间体育委员来办公室向我求助：学校每年一届的元旦长跑活动又要如期举行了，同学们报名不太积极，联考将至，大家担心感冒，怕耽误学习。我答应体育委员帮他到班动员一下。

>> 目标 >>

激励学生勇于迎接挑战。

>> 准备 >>

我一边往班级走一边大脑高速运转备课，初步理清了思路。走到班门口把体育委员叫出来对他悄悄说："当我宣布我们班不再参加元旦长跑时你一定要站起来反对。"

>> 过程 >>

1. 班会导入。

师：（单刀直入）同学们请抬头，现在不要做题了，我有点儿事跟大家商量。

（学生们抬起头看着我。）

师：大家记不记得去年的今天中午我们在干什么？

（学生你看看我，我看看你，互相问询起来，然后有人想起来了。）

生：老师，我们进行了元旦长跑。

2. 唤醒美好记忆。

师：去年有哪些同学获得了奖励？

生：老师，我得了年级女生组第8名。不仅年级奖了笔记本，你还奖给我们每人一本你的书。

生：你还给我们看了一张图片，上了一节关于"女汉子"的班会。

师：大家记得真清楚！去年我本以为我们重点班的学生整天学习，身体素质可能会比普通班的学生弱一点，没想到我们却跑出了这样的好成绩。大家敢打敢拼让普通班的学生对我们刮目相看。

3. 欲擒故纵。

师：今年不同了，我们马上就要联考了，这是一次非常关键的考试，这次元旦长跑活动安排得不太好，与考试冲突了。再说了，我们重点班考试非常频繁，体力大不如从前，如果参加长跑弄不好要丢人的，我们班就不参加了吧。

（这时体育委员站了起来。）

生：老师，你的意思是说我们肯定跑不过普通班的学生，让我们放弃这场比赛？我认为还是要征求一下大家的意见。

师：我看看你那里报名情况怎样？（我接过报名表）就这几个人报名。你看，大家大都不想报。

（一女同学站起来，是去年得第8名的"女汉子"。）

生：老师我想报，我想试一试能不能超越去年的自己。

（接下来又有几名同学站了起来。）

师：既然同学们这么积极，我就不扫大家的兴了。

师：（总结）如果放弃参赛权利，我们会过得轻松，但我们却毅然选择了参赛。既然如此，就要展现我们重点班学生的风采：只要身体不出大问题，我们就要勇于拼搏，坚持到底。两军遭遇，怯者易败，敢打必胜。

后记 >>

我班参赛的同学果真取得了不俗的成绩，那个去年第8名的"女汉子"今年跑了个第7名，跑完全程极度疲惫，见到我上气不接下气地说：老师我超越自我了。有时励志不一定非得慷慨激昂，励志也可以平静地实现。

（河南省济源第一中学　秦望）

方法点拨 >>

"大考前的活动组织"是一个长期令人困扰的难题——充分组织吧，必然会影响大考的复习；以大考为重吧，又违背了活动组织的初衷，把活动变成了煎熬和应付，还开了轻易放弃的先例。像实验班这样以学业为重的群体，出现冷漠不积极参与的情况倒也不足为奇。遇到这种情况，班主任们可能会采取以下措施：

版本一：恼羞成怒型。"一点集体观念都没有，关键时刻该你们出力了，都一个个往后躲？就你们怕耽误学习？人家别的班都不学习了是吧？这么自私自利，考上清华北大何用？"然后摔门而去。这是典型的泄愤，不是做工作。学生除了从你那里接收到一堆由语言暴力构成的精神垃圾之外，并不能如你所愿"幡然醒悟"，而是强化了他们内心的负疚感，激起了他们的自我保护意识。

版本二：大力鼓动型。"高中三年只有两次长跑，上一次我们取得了很好的成绩；今年有了经验，一定会再有突破。另外，年轻人就要勇于挑战自我，怎么能遇到一点困难就退缩呢？也不用担心与考试冲突，咱们是实验班，是'学霸'的代名词，谁见过学霸参加了一次长跑就考不好了？相反，我认为这是对我们时间管理的一次锻炼。因此，我倡议：借助此次长跑活动，锤炼处理'活动与学习相冲突'的能力，实现脑力和体力的双丰收，不为高中留遗憾。"只要鼓动到位，必定能激发学生的报名热情，但学生的成绩必定会或多或少地受到影响。

版本三：暗中指定型。"老司机"们往往会明修栈道暗度陈仓：表面上不动声色，私底下指定体育成绩好的同学必须参加。这样既能保证长跑的名次，班里的备考氛围也不会受到影响。但这样做毕竟有失磊落，被强制点名参加的学生必定心生不满，若在班级里一抱怨，有损班主任的正面形象。

这节微班会是一个灵活运用"预演模拟过程"的好课例：得知消息后当机立断趁课间去作动员（微小时段），在路上边走边理思路（预演模拟），想到了"欲擒故纵"的主意，把学生"报名不太积极"变成了"既然同学们这么积极，我就不扫大家的兴了"，但"欲擒故纵"容易"弄假成真"，故特意回顾去年参赛经历来唤醒学生的美好回忆，做足了铺垫；学生其实担心的是参加长跑会影响考试，教师却在不动声色间把长跑转变成了"证明实力"和"挑战自我"的良机，这种造境能力是一线班主任必备技能之一；全程非暴力沟通，正面引导（心理技术）。

从班会背景来看，此案例是教育契机中的"偶发性教育契机"，班主任之前毫无准备，临时充当"救火队员"，且完美达成目标：既充分动员了学生，又没有引起过大波动。但后退一步看，经验丰富的老班主任们似乎也可以提前预见到"大考前的活动难动员"，进而提前做工作，把"偶发性"变成"可预见性"的教育契机，化"危机"于无形。

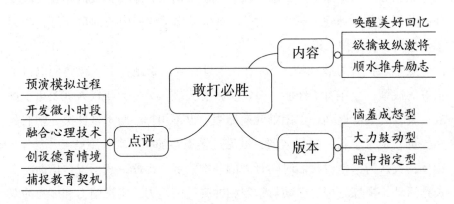

不辜负自己承受的苦难

> 背景 >>

下午课间,我进班准备给学生讲历史周测试卷,习惯性地看了一眼值日班长写的每日寄语:"你配不上你的野心,也辜负了自己的苦难。"很明显寄语人想激励同学努力奋斗,为梦想而战。高三学生拼搏高考过程中需要持续激励,我脑子一转,何不借这句话作一番思想动员?

> 准备 >>

跟值日班长沟通,把每日寄语改成:"如果你配不上你的野心,就辜负了自己的苦难。"

> 目标 >>

激励学生为联考、高考拼搏奋斗。

> 过程 >>

师:大家在黑板左侧看到了什么?

生:值日班长修改了寄语。

师:这是我建议班长改的,原来的寄语是什么?

生:(纷纷答道)你配不上你的野心,也辜负了自己的苦难。(因为是早上写的,很多同学都看到了。)

师:看到这句话时你们有什么感想?改后又有什么感觉?不妨读一下。

(学生们出声品读了一下。)

生:先前的那句多少有些"指责"的味道。其实,咱们班同学还是蛮拼的。这么一改听起来舒服多了,有"提醒"的意思。

师:这句话还可以怎样改?

生:如果你能配上你的野心,就不会辜负自己的苦难。

师:这样改就有自我鞭策的意思了,非常好。请大家一起读一遍。

生：（齐读）如果你能配上你的野心，就不会辜负自己的苦难。

师：（总结）"你配不上你的野心，也辜负了自己的苦难"也是一种善意的提醒。我们班的确有同学已经蛮拼的了，他们是配得上"上名牌大学，在更高的平台上施展自己的才华"的"野心"的。高中生活的确很苦，但我们要以有尊严的方式承受苦难，要以集体拼搏的姿态承受苦难，更要以快乐的心情承受苦难。还有三天就联考了，五个多月就高考了，我希望越来越多的同学加入学霸的队伍中来，相信大家不会辜负了自己的苦难！

（有人鼓掌，有人用眼睛看着老师表示赞同。）

（河南省济源第一中学　秦望）

方法点拨 >>

想象一下，假设你自己走进教室，也看到了黑板上的这句每日寄语——"你配不上你的野心，也辜负了自己的苦难"，你也想借机激励一下自己的学生，会怎么做呢？估计会出现以下版本：

版本一：心善舌毒型。"今天的每日寄语非常好！'你配不上你的野心，也辜负了自己的苦难。'我觉得咱们班有的同学应该好好品品这句话——本事没有野心大，努力不足妄想多。到头来不但辜负了自己在高中攻读的苦难，更加重了自己的苦难！如果不能踏实努力，又怎么能摆脱苦难？又怎么能实现野心？又怎么能成就自我、报答家人？……"把打算得好好的励志动员课生生上成了批斗课。

版本二：弃卒保车型。"今天的每日寄语不大妥吧？'你配不上你的野心，也辜负了自己的苦难。'这明显有指责的味道嘛！咱们班的同学还是蛮拼的，对不对？"学生大喊"对！""就是就是！"只有值日班长讪讪，不知如何自处。"那我们改一下吧！不如改成'如果你配不上自己的野心，就辜负了自己的苦难'，听起来舒服多了，还有'提醒'的意思。"学生们一品，果然好多了！老师顺势再进行鼓励，师生皆大欢喜，完全没有留意到值日班长眼底那一抹幽怨的目光。

版本三：润物无声型。在本节微班会中，教师嗅觉敏锐，既抓住了日常稍纵即逝的教育契机,又体贴入微,照顾到了值日班长的情绪。在短短的课间进班这样的微小时段,教师没有急切地直抒观点,仍坚持让学生发言思考以增强体验;在语言方面,教师一方面通过引导学生修改"每日寄语"来渗透德育,另一方面在最后的总结陈词中也措辞优美,为学生们作了良好的示范。苏霍姆林斯基在《谈语言的教育作用》中写道:"教师口中的语言是一个强有力的工具,就像演奏家手中的乐器,画家手中的颜料,雕刻家手中的刻刀和大理石一样。没有乐器就没有音乐,没有颜料和画笔就没有绘画,没有大理石和刻刀就没有雕塑,同样,没有活生生的、深入人心的动人语言就没有学校,没有教育。语言就仿佛是一座桥梁,教育科学就是通过这座桥梁变成教师的教学艺术和教学能力的。"

修炼自己的声音,让它美妙动听;修炼自己的语言,让它妙趣横生。只有这样,班主任才能在每一个教育机会面前,通过语言的力量直抵学生心灵。

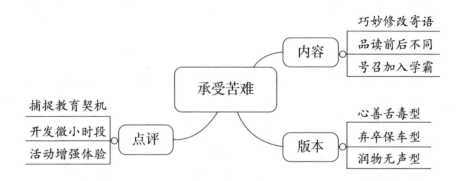

向韩国学生学什么?

背景 >>

每年我校都会和韩国的姊妹学校进行师生交流。七年级上学期接待韩国学生,七年级下学期去韩国访问。本世纪初在影视、娱乐、服饰、饮食等方面受"韩流"影响较为突出，尤其是部分中学生对韩国明星喜欢到了顶礼膜拜的地步。

目标 >>

通过了解韩国的礼仪和学生学习情况，让我班的孩子努力学习。

准备 >>

我班有四个孩子接待了韩国学生，安排了两个进行分享。

过程 >>

师：大家都对韩国文化非常热衷，相信我班接待了韩国学生的同学感触更加深刻，下面有请××来分享和韩国朋友的故事。

生：我准备了PPT，拍下了和韩国学生相处一个星期的相关照片（一边浏览照片，一边情境回顾）。这些都是我们的美好记忆。我感触最深的是，他们有的人特别多才多艺。

师：你能为我们讲具体一点吗？

生：我们接待的几个韩国学生会英语、中文、韩语，还会唱歌、跳舞。

师：你们平时一般用什么语言交流呢？

生：大多数是英语，有时候是中文，他们的英语特别流利。

师：你们的英语也不差啊，能够正常地交流。

生：我们跟他们都是同龄人，我觉得英语比他们要差一些。

师：韩国不是英语国家啊，为什么呢？

生：他们学习很努力，每天早上起来读中文和英语（韩国的这所学校是一所学习中文的学校），放学后还要都去培训学校补习。

师：哈哈，看样子培训不是我们长沙独有的现象啊。同学们，你们从这件事情上发现了什么？

生：优异成绩的取得与努力是分不开的。

生：一分耕耘，一分收获。

生：我要努力学习英语。

生：向他们学习，做学习的主人。

……

师：是啊，智慧源于勤奋，伟大出自平凡。韩国学生尚且如此，那些韩国的明星们就更不用说了——正是因为勤奋努力，才造就了他们多才多艺的形象和星光璀璨的人生。勤奋和智慧是双胞胎，而懒惰和愚蠢是亲兄弟。我们向韩国学生学习，不是学他们的服装或造型，而是要学习他们身上可贵的勤奋品质。希望同学们能够远离懒惰，通过持续的努力，最终打开人生的智慧之门！

（湖南师大附中高新实验中学　曹学武）

方法点拨 >>

当自己班的学生从韩国访问归来，这个资源是绝对不能浪费的，班主任们必定会大做文章。可能会出现以下版本：

版本一：分享见闻型。让当事人分享他们与韩国学生接触的情况以及韩国的风土人情，让学生们开阔视野、增长见闻。这样做基本上达成了交流活动的基本目标，但显然对事件挖得不深不透，没有充分利用这个绝佳的教育机会；如若把握不好度，分享者的过度赞扬会加剧学生对韩国的盲目崇拜。

版本二：褒中贬韩型。先让当事人分享见闻和风俗，然后班主任发表见解——韩国文化也不过如此，实在没有必要对韩国明星们顶礼膜拜；相反，我们中国的文化独特而悠久，值得我们去挖掘和发扬。这样较上个版本更深入一些，也提到了文化自信，告诫学生不要盲目追星；但这样生硬地贬低韩国文化，容易招致学生反感。

版本三：谋求双赢型。经过充分准备后，先让当事人分享见闻和风俗，然后介绍与之相对应的中国传统风俗，让两国文化相互碰撞交流，既能汲取韩国文化的营养，又能渗透中华传统文化的基因；既可以取长补短，又可以引导学生以弘扬中华传统文化为己任而努力学习。

本课作者抓住了访问者归来这个难得的契机，又巧借"中韩交流活动"之力对学生进行德育渗透。在教育过程中，作者并没有生硬地进行说教，而是先让访问者发言分享经历，再从中抓取到"勤奋"这一点进行阐述，全程态度和善、立场坚定，是一堂运用了正面管教理论的典型课例。此外，这样一个重大活动，作者提前安排两名访问者进行分享，分享过程中又刻意往"勤奋"这个主题上进行引导，充分说明了作者在上课之初就作好了充分准备，预演了上课过程。

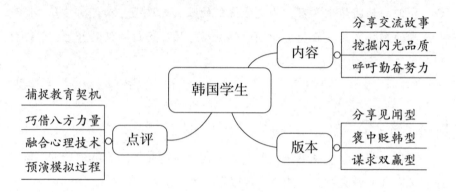

课前宣誓的正确打开姿势

> 背景 》

早上走进教室时，伴随着广播里"全体起立……"的提示，学生们都站好，准备前课宣誓了。全年级一起宣誓，气势磅礴。然而，我发现身边的一个学生虽然也是右手举起，但手却放在耳根下；不是握着拳头，而是半蜷着做挠耳状。显然，这个学生一定没有努力喊出来。我伸手将他的姿势纠正，身边几位同学也微笑着看看他。很快宣誓完毕，学生们都坐了下来。看来，我得给学生作一些引导了。

> 目标 》

鼓动学生大声宣誓。

> **过程** >>

我走上讲台，表扬了大家在宣誓中的表现。我说："大家都听说过一句话叫'使出吃奶的劲'，不知道大家记不记得使出吃奶的劲是什么样子？"学生们都笑了起来。

我接着说："自己吃奶的样子肯定是没见过，或者忘得没影了，但是你们肯定见过婴儿吃奶的样子。"

学生们被逗乐了，不少学生笑着说出了"小手握着……"，甚至有学生开始比画。我立马接着说："对，婴儿吃奶的时候经常是小手紧紧握着，而且是两只手都紧紧握着。婴儿在吃奶的时候可是使出了全身的力气，所以才有'使出吃奶的劲'这样的说法。那我们也要想一下，为什么我们宣誓的时候，要大家站起来，还要举起右手握拳？"学生们立马明白了我的意思，刚才那个学生也会心地笑了。

"高三的学习任务很重，压力很大，同学们时常会感到心情压抑都很正常。我去查寝的时候，经常会碰到有同学在寝室大喊大叫。前几个月，天气热的时候，不少同学晚自习后到操场大喊释放压力。在寝室喊担心会被同学笑话，在操场喊担心会被一些幼稚的行为打扰心情，现在我们在教室里一起呐喊，一起为自己加油，刚完全没必要担心了，所以一定要大声地喊出来。"

学生们都笑了起来，刚才那位被我纠正握拳姿势的学生也微笑看着我，我感觉很多学生已经被说动了，准备见好就收。有几个学生看着教室前的门口，示意着什么，我扭头一看，原来前门中间的观察窗口伸了一只耳朵出来，我知道肯定是第一节来上课的英语老师在偷听呢。为了确认一下，我又转身看了一眼黑板上的课程表，第一节课是英语，英语老师是大家特别喜欢的，爱和学生们开玩笑。我灵机一动，接着说："要不我们大家再来试一下，我们就坐着不用站起来，都握紧拳头一起来喊：第一节英语课，我一定要成功！看看大家坐着能不能喊起来。我给大家起头。"

我握紧拳头，给大家起了个头，学生们坐着，都握紧拳头喊了一遍。喊完之后，我笑着说："下面请大家用掌声欢迎我们的英语老师来给大家上课。"掌声响起，学生们笑着看我走过去，拉开前门，把站在门口一脸欢笑的英语老师请进教室……

我走向办公室，心里想着，这下第一节课学生们不会像以前那样总是特别困了……

（河南省济源第一中学　贾大勇）

> 方法点拨 >>

国内中学里普遍都有课前宣誓，课前宣誓的意义有以下四点：

①强化。对特定内容进行不断重复来加深印象。强化的内容一般为目标或口号；也可以对特定知识点或规范进行强化，比如河南省济源第一中学高一时强化追求目标、高二以后强化国学经典、高三冲刺阶段强化考试要诀。

②振奋。早餐和午餐过后学生容易"食困"，直接影响前两堂课的听课质量。课前喊上几嗓子，就可以振奋精神，提高听课效率。

③减压。大考前尤其是高考前，学生心理压力过大，课前宣誓是一种不错的减压途径。

④仪式。跟上课时的起立、问好一样，课前宣誓可以增强仪式感，标志着休息结束、学习开始。宣誓之后，学生可以更快地进入学习状态。

然而，班主任们貌似普遍没有对这个问题进行过系统梳理，因此认识深浅不一，做法也就千差万别：

版本一：阳奉阴违型。对宣誓不以为然，为了应付检查，好一点的会安排学生起立自由背诵，差一点的直接干张嘴不出声。前者尚起到强化知识的作用，后者则完全抛弃了宣誓的宗旨，更浪费了时间、培养了恶习。

版本二：顺其自然型。交给班委组织，弄成什么样就是什么样。这就全凭运气了：班委得力则井然有序，否则班主任到最后还得充当救火队长来收拾烂摊子。

版本三：铁腕强迫型。与前两种类型相反，这类班主任一向手段强硬，宣誓也不例外：狠抓硬管，口号不满意就让学生一直喊，喊到自己满意为止。这种做法立竿见影，但学生认识不到位，往往虎头蛇尾，于是班主任再抓一次，如此往复。

版本四：花样迭出型。这类班主任深知宣誓最大的仇敌是重复，于是变着花样让学生喊，也的确调动了学生的宣誓热情。但若适度还可以，一旦过了头，不但养刁了学生的胃口，而且丧失了宣誓的强化功能，得不偿失。

版本五：主动引导型。这类班主任经验丰富，往往会提前预设进行引导，化繁难于无形。如果没能提前引导，也可以像贾老师这样择机引导。贾老师虽错过了提前引导，但心中一直挂念不下，于是借一位同学握拳不紧这个细节，顺势引入"婴儿握拳吃奶"这个情境，绕开了学生的排斥心理，从外围切入，迂回到主题，成功做通了学生的工作。

学生的常规性工作就像一个陀螺，需要定期抽打以维持平衡运转。课前宣誓就是这种典型的常规工作，动员启动之后，也需时时跟进鞭策。

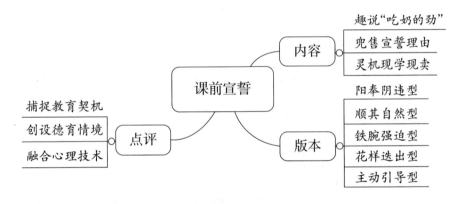

考好了内服，考差了外用

背景 >>

今天是周一，学生周末时刚刚进行了两天的测试，略显疲惫。学生需要时常被激励。午饭后，我早早来到教室，等学生们静下来后便开始了我的演讲。

目标 >>

通过演讲激励学生。

准备 >>

网络图片"期末考试家长必备"。

过程 >>

师：今天是1月22日，农历腊月初六，距期末考试还剩两周时间，我知道不管是同学们还是你们的家长都非常重视期末考试。因为期末考试后是农历新年，新年时要走亲访友，走亲访友的过程中你们的那些七大姑八大姨是要询问成绩的，特别是作为高三的你们肯定是被重点关注的对象。

（学生们纷纷赞同，唉声叹气一片。）

师：我注意到，今天网上流行一种"期末考试家长必备"的利器，我给大家展示一下。

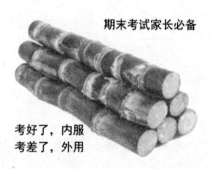

（我向学生展示了一张图片，图片的内容是六根码在一起的甘蔗，图片上还有这样两句话："考好了，内服。考差了，外用。"同学们在短暂的寂静后哄堂大笑，看来他们是懂了。）

师：这幅图片的名称是"期末考试家长必备"，意思是让家长用在孩子身上；但我想说的是你们其实也给家长准备了同样的甘蔗。

（学生瞪大眼睛看着我，不明所以。）

师：（环视全班）我认为，在所有的父母中，考生的父母是最辛苦的，我们的成绩时刻牵挂着他们的心。图片里的甘蔗就是我们送给父母的一副药——期末成绩如果能好点，他们心里比内服的"神药"还要甜。（我声音提高了八度）如果考差了，你们能想象父母的心情吗？是不是比"神药"外用还要难受？！

（教室内安静得一根针掉在地上都能听见。）

师：我知道大家周末进行了两天的测试，挺累的。但是高考备考的路上没有休息，只有勇往直前，你连喊累的时间都没有。我知道22班的同学没有孬种，只有勇士。加油！

（学生掌声雷动。）

（河南省济源第一中学　魏俊起）

方法点拨 >>

高三的学生考试一多，难免会感到疲倦。这时候，班主任要怎么激励他们呢？可能会有以下版本：

版本一：活动调节型。考试累了就放松一下，给孩子们放个励志电影；或者组织一场对抗赛（篮球、足球、拔河等），如果激起了活动双方的情绪，就可以顺势在团队间搞一次学习挑战赛；当然，老班们也可以发起目标打卡比赛，让学生在纵向上挑战自我。

版本二：谈话诊疗型。分为群体谈话和个人谈话两种。魏老师这堂班会课就是群体谈话的类型，通过用心观察，他早早地捕捉到了激励学生的契机。在动员学生时，避开了常规的说教，趁午饭后这样的微小时段，借助网络上热传的一张图片（巧用素材），不动声色地营造出一个德育情境，把甘蔗的另类作用分别从学生和家长的角度进行深刻剖析，使父母对孩子成绩的期待与担忧跃然纸上，成功地引起了学生的共鸣，激发了他们的责任意识和担当意识，很好地激励了学生。话虽不多，但处处渗透出班主任字斟句酌的匠心。个体谈话则不同，班主任在这个节点进行个体谈话时，应挑那些懒散、颓废的学生，对症下药，直言不讳地提出其存在的问题和对他的期望。一般而言，群体谈话以激励为宜；个体谈话则重在诊疗，以指出问题和提供方法为主。

版本三：严抠细节型。学生的怠懒通常表现在细节方面的松懈，因此，这阶段如果能牢牢抓住学生的细节规范，倒也能起到一定的作用。建议这种方法和其他策略搭配使用。

版本四：调节课堂型。从根本上看，学生疲惫的原因主要还是高频的考试和单一的备考模式。因此，班主任也可以与任课老师一起，灵活调整课堂的环节和形式，让学生在感观上有不同的体验，相信很快能调动起学生的学习热情。

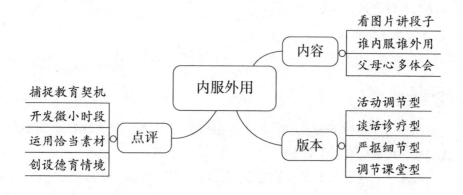

烧纸实验

背景

期末时，由于各科的高强度复习，很多孩子已经处于完全疲惫的状态，上课的时候也提不起热情。身为班主任，我该怎么来调动大家的激情呢？正在发愁，眼睛瞥见了摆在桌上的纸巾，我突然有了主意。

目标 >>

调动学生冲刺期末的热情。

准备 >>

三张纸巾。

过程 >>

（我来到教室，看到我手里拿着三张纸巾，就有同学嚷嚷开了。）

生：老师，今天又要做什么？

师：（神秘一笑）做实验呀！今天我们在教室里玩火！

（其他孩子也嚷嚷起来。）

生：玩火？！安全很重要的哟！

师：今天老师要给大家做个烧纸实验！

生：（惊愕）啊，什么意思？

（我拿出一张纸巾，把纸巾放在水里弄湿，然后拿出来，孩子们都认真地看着我。）

师：孩子们，你们看，我们现在要点燃这张纸巾，你们觉得可能性大吗？

生：不知道。

师：不知道就试一试。

（我打着了打火机，大家的心都提到了嗓子眼，火苗却始终无法将纸巾点燃。接着，我又拿出一张干的纸巾。）

师：孩子们，这是一张没有被打湿的纸巾，大家说说，这一张能不能燃烧呢？

生：肯定会！

生：没有弄湿，当然会！

师：咱们还是眼见为实吧。

（我开始点燃这张干的纸巾，火苗腾的一下就起来了。）

生：老师，要注意安全，燃得好快呀。

生：火好大。

（我迅速把纸巾扔掉，火苗仍然烧得很旺。同学们都惊讶地看着纸巾上红红的火苗。等火苗熄灭后，我开始启发他们。）

师：(郑重其事)孩子们，你们有什么收获？

（学生们都陷入了沉思之中。）

师：(一本正经)孩子们，这纸巾就像我们自己，如果你们把自己的心情弄湿了，那么无论如何也没办法让自己燃烧起来；如果你们自身充满了热情，那么一点就会燃烧。所以，复习的时候，越是疲倦，越考验一个人的意志力，也越能看出自己的内驱力。激情靠自己点燃，我们永远都叫不醒一个不愿意醒来的人，只有自己愿意努力才能走向最后的成功！

（教室里静得出奇，学生们若有所思。接着，我把另一张干的纸的一端放在湿润的纸巾上，水一下就浸染了过来，纸巾变成一端是湿的，另一端是干的。）

师：孩子们，我们再来点燃这一张看看。

（当我用打火机去点湿的那端时，并没有点燃；当我将打火机接触到干燥的那一端时，火苗又腾的一下起来了。学生们都目不转睛地看着我手里的纸巾，有的眼睛睁得大大的，有的嘴巴惊成了"O"形。）

师：你们看，同样的一张纸，可以被好的因素传染，也可能被不好的因素影响。所以，关键是你愿意成为什么样的人——如果你愿意被水浸润，永远潮湿下去，无论什么样的热情都不可能把你点燃；如果你不愿意受负能量的影响，那么你也可以被热情点燃！

生：(举手)老师，这三张纸巾就像三个不同的人——全干的纸巾象征有正能量的，可以点燃自己的人；打湿的象征充满了负能量，容易随波逐流的人；半干半湿的象征可以被正能量感染，也可能被负能量影响的人。所以，自身的力量非常重要！

师：(赞许)太棒了，能够有自己的领悟了！

（孩子们微笑地看着我，我知道，他们的热情又被点燃起来了。）

（重庆兼善中学蔡家校区　吴小霞）

> 方法点拨 >>

考前动员这种事，老师们是最熟悉不过了。小考小动员，大考大动员，"期末季"一到，全国总动员。那么，怎样动员才有效呢？笔者以为，不外乎以下几种类型：

版本一：口头提要求。生疏的班主任滞后提，老到的班主任预先提；随性的班主任泛泛提，严谨的班主任细细提；虚浮的班主任喊口号，务实的班主任抓行动。千人千面，百人百姓。提要求在备考前期是必要的，但是到了中后期，广大师生都进入疲惫期的时候，效果就不大了。

版本二：正式作演讲。成功的演讲能有效地调动学生的激情，给学生注上一针"鸡血"，足够学生"燃烧"一阵子。但激情演讲的门槛有点高：首先挑人，蓝色性格和绿色性格的班主任就不大调动得起来；其次挑内容，没有充足的准备和精彩而煽情的内容，效果非但出不来，反而会出现负效果。

版本三：隆重开班会。有嘉奖先进会、经验交流会、方法指导会、学长讲经会、家长进班会、宣誓决心会等等，八方借力，各出奇招。内容固然很重要，关键得有仪式感。

版本四：激情搞活动。吴老师的烧纸实验就属于此类：她敏锐地觉察到学生的疲惫，针对小学生的心理特点，精心设计了一次烧纸实验，在实验的情境中增强了学生的心理体验，在娓娓叙述中洗涤了学生的心灵。还有班级篮球赛、拔河赛、长跑赛等"武斗"形式，可以发泄体力和压力，同时也暗含对抗和坚持的深意；当然也有写挑战书的"文斗"形式，以激发集体荣誉感和斗志。

总体而言，以上方法各有千秋，若搭配使用效果更佳。但既然是激情动员，总少不了情感共鸣；既然是冲刺期末，必定有指导和敦促。因此，笔者总结以下四点，可作为此类班会的总纲：

①动之以情：想方设法调动学生情感，激发他们的共鸣。

②教之以法：激昂的情绪只能支撑一时，科学的方法才能收到成效，并进一步反哺学生的动力。

③督之以规：激情保证启动，方法保证成效，而规则可保证二者落到实处。

④暖之以陪：管理的最高境界是陪伴，小到期末冲刺，大到学生成长，在教育这件事上，若没有用心陪伴，再多的方法都是歧途，永远无法探触学生的灵魂深处。

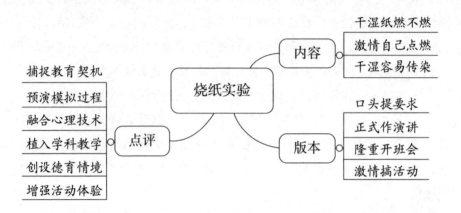

纪律要求渗透

纪律是立班的基石

背景 >>

班长向我反映,最近班级纪律不太好。建班之初我就一再向学生渗透纪律是立班的基石,看来该强化这一观念了。

目标 >>

强化"纪律是立班的基石"这一观念,改善班级纪律状况。

过程 >>

师:今天是我们每月的班级事务讨论会,大家认为目前阻碍班级发展的最大问题是什么?大家可以畅所欲言。

生:纪律。

生:纪律。

生:纪律。

师:具体表现在哪些方面?排在第一位的是什么?

生:懈怠、浮躁,写作业不认真,地理有抄作业现象。

师:哪些同学有这些问题?请举手。

(有三分之二的同学举了手。90后的孩子就是这么诚实。)

师:请同学们提出解决方案,有请学委会会长出招。

生（学委会会长）：这个……还没有太好的办法。

师：大多数同学学习不理想的根本原因就是浮躁。浮躁就是做事情表面化、轻浮而且变化快。唐曾磊的平等思维理论认为浮躁有五种表现：

上课一听就懂，其实没有真懂，自以为懂得了；

看书一看就会，其实没有真会，自以为真会了；

题目拿来就做，没看清楚就做，自以为清楚了；

做完题就上交，没检查就上交，自以为错不了；

发现题目错了，以为粗心错的，问题永改不了。

以上问题，概括成三个字就是"假学习"，浮躁是所有成功的大敌，解决方法就是真学习。我们要树立榜样来感染身边的同学，因此我们要举行一个活动，元旦前我们要评选出我们班的第一届学霸，以后每学期评选一次，我们要隆重颁奖并制作展板展示他们的风采。

今天大家自觉举手，这表明我们有自我批判的态度。每天睡觉前要想一想，我今天假学习了吗？经常反省会让自己从思想上先重视起来，进而落实到行动上。我们还要在班内张贴周考成绩，用反馈刺激进步。

师：排在第二位的纪律问题的具体表现是什么？

生：到班不能安静，进教室吃东西。

师：请班长拿出解决方案。

生（班长）：进一步明确一日总统职责。

师：班长和纪律部长负责监督一日总统，要求一日总统三大到班时段到前台维护纪律。

师：排在第三位的是什么？

生：自习课说话。

师：课代表要履行好职责，学委会会长负责监督。

生：中午不能很好地午休，总有人进进出出。

师：哪一个时段适合共同休息？

生：下午1:30至2:00。

师：这个时段不能离开座位，违者怎么罚？下课后班长征求大家的意见制订出来一个方案。

生：跑操有人说话，后排男生乱蹦。

师：孔夫子说："乡愿，德之贼也。"两个体委要作为，违纪就要留下加跑，不能当老好人。

师：班长三天内拟订班级违纪惩罚条例，全班讨论后执行。

师：我不厉害，也没有青年班主任旺盛的精力，可以泡在班里，因此，我要让你们实行自主管理，授权班长全权管理，有问题我负责。从这周开始实行班干部周例会制度。学期末考评班干部最重要的一条就是敢管，占50分。

师：（总结提升）纪律就像石头，如果你把它背在身上，会痛苦无比；如果你把它垫在脚下，它会帮助你站得更高，看得更远。纪律是立班的基石，我希望我们班同学都能牢记这一点。

后记 >>

班级事务处理型微班会要快刀斩乱麻，有事说事，切忌拉长战线，要有思想引导，更重要的是针对问题提出补救措施。会后在征求全班同学意见的基础上班级制定了《1221班纪律管理规定》和《一日总统十项功课》。

（河南省济源第一中学　秦望）

方法点拨 >>

"班风浮躁、纪律涣散"可能是班级常规管理中最常见，也最令班主任们头疼的问题了，它像流感一样无孔不入，稍不留神就漫延开来，无时无刻不在侵蚀学风。遇到这种问题，班主任们通常会有如下反应：

版本一：责骂学生型。批评他们自觉性差，挖苦恫吓、手段尽出。这样短时间内可能奏效，但冰冻三尺非一日之寒，且班委和班主任都有失职之嫌，所以单方面责骂学生并不能特别服众，时日一久，必会故态复萌。

版本二：责骂班委型。这次总算找对了人，因为班级常规出了问题，往往是班委长期没有尽到责任。如果把班级常规比作一台机器，那么班主任就是这台机器的维修工，而班委就是这台机器上的螺丝帽。最开始机新帽紧，运转良好，维修工不需要费多大的心；时日稍长，螺丝帽难免松动，维修工就需要紧上一紧，否则机器很快就要出问题。因此批评班委固然不错，一味批评就有失偏颇了，毕竟"螺丝帽"不能自行加牢，"维修工"的定期维护不可或缺。

版本三：亡羊补牢型。这类班主任深知问题根源所在，所以往往不会急于批评，而是在班上就事论事，先行治标；随后在课下培训班委，继而治本。标本兼治，药到病除。前文案例中的做法便值得借鉴：

班主任来到教室，没有批评任何人，而是先承担了主要责任；接着三下五除二，按照轻重缓急一一作了补救（治标）；随后完善班委机制，对班委的培训和管理提出了新的要求（治本）；最后面对全班，强调"纪律是立班的基石"这个理念。全程和善坚定，体现了正面管教的风格；最后表达期待，彰显了非暴力沟通的精髓。

我们知道，班会可以分为"务虚型"和"务实型"两类。前者侧重培养学生的价值观、世界观和人生观，后者则侧重解决日常管理中的具体事务。这节微班会就是"务实"的典型。尽管一堂小小的微班会并不能彻底地解决班级常规的问题，但也正是这样一节又一节的（微）班会，共同组成一套完整的协同体系，并最终解决这个棘手的难题。

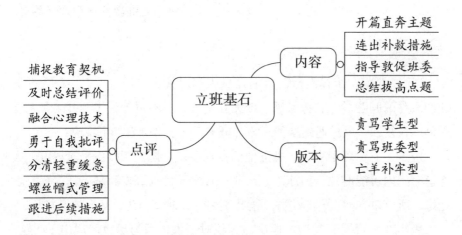

谁帮我做了清洁？

背景 >>

晚餐后，我和几个班主任在餐厅门口边聊天边等着餐厅值日的检查结果。雷鸣和汪峰跑来告诉我，刘超今天忘记了做餐厅的清洁值日。我有些着急，因为今天正赶上市领导来校视察工作，班级不能在关键时刻掉链子啊！两位同学似乎看出了我的焦急，于是主动请缨，替刘超承担起了这个责任。检查结果一通报，我们班又是第一。不过，对于这件事情，我一定要好好处理。

目的 >>

培养同学们的集体主义（团队）精神。

准备 >>

几朵大红花。

过程 >>

（走进教室，我满面笑容地看着大家。）

师：大家知道到今天的清洁检查结果了吧？

生：（笑盈盈地看着我）又是第一！必须的！

师：我们班的清洁值日、内务整理做得好，在学校是众所周知的。最重要的是我们不仅得到了学校的肯定，而且今天还得到了市领导的高度赞扬。无论是餐厅，还是宿舍，我们的十个一都做得很到位。

（我拿出了先前准备的大红花。）

师：那么，我提议今天值日的几个同学站起来，让我们大家好好地奖赏这几位功臣，好不好？

生：好！

（劳动委员开始点名："李烈！""黄丽丽！""刘超！"……五个同学上

台了，可是刘超却没有动。）

生：刘超！

（劳动委员急了，再次提醒他，大有把他拉上去的气势。刘超脸涨得通红。）

超：老师，我……

师：（故作诧异）咋了？

超：今天我忘了，我……没有值日。

（大家都愕然了："没有值日，也得第一？""真的？"值日班委一脸得意，笑而不语——他是最后检查清洁的，当然明白。）

师：那怎么回事？我也想弄明白。（我看看雷鸣和汪峰，提高声调。）我们班的清洁不做也能得第一？

生：不对！每天吃完饭，餐桌上也是有垃圾的。不可能！

超：（自言自语）是不是弄错了？——我知道了，一定是有人帮我做了清洁！

（似乎想到了什么，刘超抬起了头。）

师：那这件好事是谁做的？刘超，你得好好谢谢人家！

（有几个知晓内情的同学笑了起来。）

生：是雷鸣和汪峰！

（刘超走下座位，来到汪峰面前，拉着他，让他上台，他不肯。拉雷鸣，雷鸣也不肯。三个人都有点难为情。我示意雷鸣和汪峰上台。）

师：同学们！雷鸣和汪峰主动承担责任，有功。还有刘超，虽然忘记了值日，但主动承认错误，也不错。这几朵大红花送给你们。

超：老师，我帮汪峰和雷鸣值日十次。

峰、鸣：不用！不用！小意思！

（两位同学害羞了，不断地摆手。）

超：那我做一个星期的清洁！

师：为什么？没有人罚你啊？

超：这是我的责任！为了感谢雷鸣和汪峰！也为了感谢大家！

（小小男子汉终于明白了什么是责任、什么是感恩。最后，在刘超的坚持下，大家决定给他做三次"义工"的机会——让他也尝尝主动帮助别人的滋味。）

（湖北省天门市石家河镇段场村段场小学　李艳妮）

方法点拨 >>

市级领导来视察工作，全校必定上下动员，班主任对学生也必会千叮万嘱。可是在这种情况下，小主人公竟还能忘记值日，可见他的心有多大。也难怪李老师下决心"一定要好好处理"了。设身处地，班主任们可能会采取以下方案：

版本一：讽一劝百型。把小主人公当成不负责任的典型在班会上进行批评教育。这样既可以教育其本人，也能起到讽一劝百、惩前毖后的作用。但缺点是操作不当会引起小主人公的抵触情绪，且忽视了两位主动担责的同学的良好表现，错失学习优秀的绝佳契机，把班会定成了负向基调，得不偿失。

版本二：说好嫌歹型。先在班内大力表扬两位先进同学，肯定他们主动担责的团队精神；然后话锋一转，猛烈搏击小主人公的不负责任，惩一戒百。这样表面上看是兼顾了正反两面，实际上仍是把重心放在了批评上，班会的基调必然混杂，达不到理想的教育效果。

版本三：示贬于褒型。以表扬先进为基调，让其他学生以明快的心情称赞效仿；寓批评于表扬之中，让犯错同学因团队的感召主动认错。这于先进者是鼓励、于犯错者是提醒、于其他人是引导，三者相宜，皆大欢喜。

李老师采取的就是第三种方案：她在学生关键时刻掉链子之际忍住了怒气，并从中捕捉到了灌输团队精神的契机；用几朵大红花创设德育情境，定下基调，寓批评于表扬；又运用正面管教、非暴力沟通等心理学知识，全程正向引导；班会中明知故问，引发学生参与讨论并表达观点，增强了活动体验；小主人公在团队的感召之下"终于明白了什么是责任、什么是感恩"，艺术地解决了这个问题。如果能够在过程中回扣目标，点明并升华一下团队精神，那就堪称完美了。

在这里需要提醒大家：召开示贬于褒型班会时，要谨慎选择教育对象。粗枝大叶、心理素质强的学生（尤其是男生）往往没有问题，而细腻敏感的学生（尤其是女生）则不宜采用，最好私下提醒。

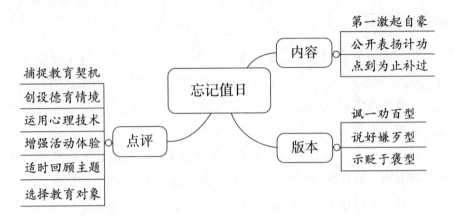

有人管是幸福的

背景 >>

这几天听语文老师反映，有学生上课睡觉，在被叫醒后很不耐烦，也有家长反映学生在家专门和家长对着干。学生处于逆反的年龄，对管理的师长不耐烦，他们不知道有人管是幸福的。于是利用饭后的时间，我上了一节简单的微班会。

目标 >>

改变学生被管理时的逆反表现。

过程 >>

师：同学们，被人管着，被约束着，是不是很令人心烦啊？
生：就是！

师：那么大家现在静下心想一想，都有哪些人管我们呢？

（学生思考……）

师：管我们的恐怕只有那么几个人吧？

（学生们都不吭声。）

师：李S，你来说说管你的人都有哪些。

生：管我的人有我的父母、老师及其他长辈们，还有要好的朋友。在班里还有班委。

师：其他同学我不提问了，相信答案几乎是一样的。为什么这样说呢？因为管我们的人都有一个共同的特征，是什么样的特征呢？

生：管我们的人都是为我们好的。

生：都是在意我们的人。

师：是的，管我们的人都是在意我们的人，与我们不相干的人会管我们吗？

生：（摇头）不会。

师：我们再想一个问题，如果再无一个人管你，你将会有什么样的下场？

生：无人问津，会很失落寂寞。

生：流落街头，当叫花子，因为我将身无分文。

生：会很孤独吧。

师：我们在座的都是有人管的孩子，所以我们的感觉应该是什么样的？

生：我们是幸运的。

生：我们应该感觉到很幸福才对。

生：……

师：对，有人管是一种幸福。但是，对于管我们的人，我们是如何回应的呢？我们肆无忌惮地伤害着管我们的人。不喜欢父母的啰唆，对他们出言不逊；不喜欢老师的管理，对他们显示出不耐烦；不喜欢被班委记名，对他们恶言恶语。

（学生们想到自己平时的表现，都露出了后悔的表情。）

师：管理是出于善意，我们要用善意来回应善意；有人管是一种幸福，我们要用幸福来回馈幸福。所以，以后亲人唠叨时，就享受被唠叨的幸福，用耐心的倾听来回应；老师管教时，就感知老师的善意，用谦逊的言行来回应；班委管理时，也感受班委的不易，用平静的应对来回应。

（河南省济源第一中学　刘强）

方法点拨 >>

逆反心理在初高中是很常见的现象，直接顶牛倒还好说，最怕遇到不怎么跟你顶，还满脸不耐烦的学生——这事可大可小，全在班主任一念之间。一般而言，班主任可能会有以下反应：

版本一：欺软怕硬型。如果学生性格温顺，就毫无顾忌地批评指责，恨不得拿他"祭旗"；倘若学生桀骜不驯，则点到为止，力求不起正面冲突。这是有经验的班主任的常用手段，能起到一定作用；但容易给学生留下不公平的印象，给后续的执行力留下隐患。

版本二：以硬碰硬型。在这类班主任眼里，根本就没有所谓的"顺毛驴"一说。在他们看来，学生所谓的"吃软不吃硬"其实就是班主任不够硬。遇到敢还嘴的学生，先扣上一个"顶撞老师/班委"和"不服从管理"的帽子，然后跟学生直接开怼。训斥责骂都是小事，肢体冲突屡见不鲜，将学生打伤或被学生打伤的也不是没有。

版本三：碎碎念叨型。我既不欺软怕硬，也不以硬碰硬，但绝不让你清静。大道理小心情，一腔幽怨如念经，把学生念叨得烦不胜烦，干脆开启自动屏蔽功能，任你口若悬河，我自岿然不动。最后班主任词穷，只好不了了之。

刘老师作为班主任，就换了一种思路。他并没有批评学生，而是利用饭后时间（教育契机）跟学生谈心，像聊天一样引导学生（融合心理技术），指出管我们的都是爱我们的，得出了"有人管是幸福的"这个出乎学生意料却又在情理之中的结论。既然"有人管是一种幸福"，那么用善意回应善意自然也就水到渠成了。

需要注意的是，如果班级大面积出现对师长的管教不耐烦的情况，可能是长期管理松懈导致的班风不正。班主任除了给学生做工作之外，更要在班级里扶正气压邪气，从根本上系统地扭转班级风气。

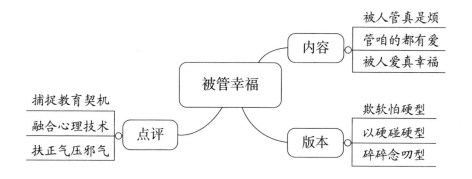

对付脓包，用针挑掉

背景 >>

我新接手一个初三毕业班，发现班里抄袭现象极其严重。我大刀阔斧地进行整治，查找出一大批抄袭者。

目标 >>

对全班进行疏导。

过程 >>

师：如果有人长了一个脓包，可以有哪些办法进行处理？

（学生面面相觑，不知道老师葫芦里卖的什么药。）

师：第一种办法，用布包着，以免被别人看见，这办法如何？

生：不好，这样反而会使脓包更严重。

师：第二种办法，坐视不理，任其自生自灭，这办法又如何？

生：也不好，这样可能会好起来，也可能会更严重。

师：第三种办法，把针在火上烤热消毒，然后用针挑破那个脓包，拔出脓头，这办法呢？

（学生点头表示认可。）

师：这样做虽然会痛，但唯有如此才能真正治好脓包。

（学生沉思不语，面露愧色。）

（摘编自郑英所著《班主任，可以做得这么有滋味》）

方法点拨 >>

抄袭分为显性和隐性两种：显性抄袭是考试作弊，这是老师们最关注，也是比较容易处理的类型，毕竟人赃俱获难以抵赖；隐性抄袭是平时抄作业抄答案，学生迫于作业压力难免抄袭，这类行为羚羊挂角无迹可寻，班主任们往往无计可施。可后者偏偏是最致命的毒瘤，它就像一场瘟疫，会如野火般迅速侵蚀学风。如果笔者是郑老师，可能会这样做：

步骤一：提前预防，先礼后兵。每次考前都要对学生进行诚信教育；召开主题班会，揭露抄袭作业的危害并宣布整顿措施；对查出的抄袭者进行严惩。以上都是规定动作，虽然常规但却有效。查找和整治不是目的，让学生深刻反思才是关键。

步骤二：疗后教化，由表及心。步骤一中这些熟悉的动作学生们早习以为常甚至麻木，如果不画龙点睛，学生必会反复。郑老师循循善诱，借用脓包类比（巧用素材），给出三个"药方"让学生判断优劣（创设情境），层层深入，直抵学生内心，这种强大的思想教育和心理攻势，是常规动作后精心配制的"善后"良方。

步骤三：完善体制，根除后患。抄袭作弊，原因有三：①价值观有误。②效率太低。③作业太多。据此有三个对应方案：①有侧重、有系统地对学生渗透正确的价值观教育，讨论诚信和分数哪个更重要。②对学生进行时间管理和学习方法的指导，改善其做题习惯和做题效率。③和各科老师达成共识，合理安排各科的作业量。

最后需要指明，诚如郑老师所言，任何班级脓包都要尽快挑破。毕竟挑破的时间越早，学生愈合修复的时间就越充裕。

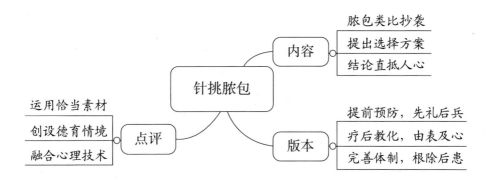

约法三章

背景

我带班有三条红线,在新班组建的第一节班会上就对学生公布:第一,老师或同学在讲话时不许乱插嘴。第二,不许在课堂上公开顶撞老师。第三,不许影响他人正常听课。新生报到后,我在第一次讲话时就发现一个问题:几个同学喜欢接话,一开始是几个,后来变成一群。这显然是上一学段养成的坏习惯,他们正将过去的坏习惯带到新班级。我知道,是该给学生公布这三条红线了。

目标

给学生立下"别人讲话时不许乱插嘴"的规矩。

过程

(发现问题后,我停下了讲话,扫视全班。)

师:(等学生安静后,话题一转,语气平静但非常坚决)大家有没有注意到一个问题——我在讲话时底下总是有人跟着讲,让我不得不停下来?这是一个很不好的习惯。这样做至少有两个害处:第一,对讲话的人和其他听众不尊重。第二,会让大家听不清楚我在讲什么,也打断了我讲话的思路。也许过去你们的老师并不在意，但现在大家来到了一个新的班级，新班级不允许你们把坏习惯带进来。我希望大家上课时踊跃发言，但不能像刚才那样。

（学生初见我停下讲话，原以为我会发脾气；但见我语气平静，又感到非常诧异；听到我说话直率，出乎意料，心情忐忑。）

师：现在我要宣布班级的一条规则，即有人（无论我还是其他人）在台上讲话时，其他人不可以乱插嘴。如果你要说话，应该在发言者说话的间隙举手示意，得到允许后才可以说话。

（这明显与他们之前的习惯大相径庭，学生们露出为难的表情，但又摸不清班主任的脾气，不敢出声。）

师：我不指望我说一次就能够彻底解决这个问题，因为习惯是很难改的，所以我会不断提醒大家。现在算是第一次，第二次我还是会提醒你，但是，到了第三次我就会把你请到教室外面去想一会儿，以加深你的记忆。记住，不可以乱插嘴。第一次提醒。

（在接下来的讲话过程中，我又提醒了一次，并且告知这是第二次提醒。一直到结束，我没有再作第三次提醒。）

（摘编自陈宇所著《学生可以这样教育》）

方法点拨

一般而言，课堂常规要在教一个新班的一周之内制定好。比如课前准备好上课用品、上课迟到在教室前站半分钟、上课不许交头接耳睡觉、交作业要按编号顺序上交等，俗称"立规矩"。那么，班主任一般都是怎么立规矩的呢？

版本一：开宗明义型。开学第一课，班主任通常会给学生直截了当地说明自己班的规矩。由于师生还不熟悉，身居客场的学生一般不会当场反对，但随着师生的深入接触，必定会有学生开始试探班主任的底线，这时才是班主任真正确立规矩的时候。

版本二：说明利害型。师生彼此熟悉之后，学生慢慢有了主人翁意识，这时班级就不再是班主任一个人的"山头"了。班主任需要重新摆出规矩,逐一说明规矩背后的利害关系,让学生知其然更知其所以然,以保证规矩被充分尊重。

版本三:民主约定型。这类班主任为了显示自己有民主精神,刚一建班就开始搞投票选举,建班级公约。事实上,限于学生的认知水平和对新环境的熟悉程度,民主约定班规的做法并不适合在此时进行。

案例中,陈老师敏锐地发现了教育契机,运用和善坚定的正面管教理念和非暴力沟通技巧,明确地向学生提出了自己的要求,并当场运用。一个干练专业的班主任形象跃然纸上。班级常规不但要及早确立,而且要时常训练,常规只有经过反复练习才能成为习惯。

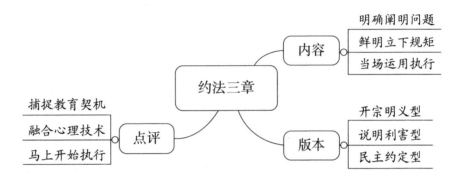

纪律,有时只需要一个提醒

背景 >>

我带学生到图书馆上每周一次的阅读课,学生的纪律非常糟,我和几个老师的管理收效甚微。几天后的一次会议上,领导不点名批评了我们的阅读课纪律管理不善。

目标 >>

通过故事来提醒,让学生领悟阅读课要遵守纪律。

> 过程 >>

师：最近，咱们班的阅读课纪律不太好。

（学生低头不语。）

师：记得大学的时候，我和你们师母谈恋爱……

（学生暗自窃笑，抬头聆听。）

师：为了比翼双飞，我们经常在图书馆看书，有时候要说些什么事情，我们都不用嘴，而是……用笔。

（学生们会心地笑了。）

经过这次教育之后，我们班的阅读纪律就好多了。（摩西）

（摘编自王晓春所著《今天怎样做教师》）

> 方法点拨 >>

阅读课和自习课一样，都特别强调安静。然而学生的纪律非常糟糕，严重影响了学习效果。摩西老师会怎么做呢？他可以有以下几个选择：

版本一：训斥惩罚型。他可以批评训斥，甚至当场惩罚违纪的学生。这样可以立竿见影，且可以杀一儆百。但一来干扰了阅读氛围，二来违纪学生也并不一定会吸取教训，可能会认为自己倒霉，老师一走照样捣蛋。

版本二：空洞说教型。他可以讲大道理，强调阅读对一个人成长的重要性，安静地阅读是高素质的表现；还可以举行一个关于阅读的班会，讲几个名人故事，说明阅读纪律的重要性。

版本三：责任分包型。他可以把全班分成若干小组，每组的纪律由组长负责。这样可以有效缓解纪律问题，但是一来组长的管理水平参差不齐，二来也不利于组长专心阅读。

想来大多老班都会采取上述措施，久而久之，学生逐渐变得"刀枪不入"。摩西老师却采用了完全不同的做法：在被领导不点名批评后，他既没有火冒三丈冲学生劈头盖脸地一通训斥，也没有忧心忡忡对学生苦口婆心地劝说，而是像聊天一样轻轻一点，一个提醒问题就解决了（非暴力沟通）。这几句"闲聊"有着很高的含金量。首先他选择了一个极为恰当的素材——自己的恋爱史——这是青春期的学生喜闻乐见的话题，毕竟人人都有一颗八卦的心嘛！妙就妙在他把谈恋爱的地点也设在了图书馆，这就在无形中给学生创设了同样的情境——都是在图书馆、都是有话要说（摩西老师更迫切）。接着摩西老师来了个神转折——"我们都不用嘴，而是……用笔。"这一句真是神来之笔，既凸显了在图书馆读书时的基本素养，还不着痕迹地给出了解决方案，同时一对浪漫温馨上进的情侣如在眼前。摩西老师语言简练，不枝不蔓，没等学生听烦，他已经说完。真是韵味悠长，令人回味无穷！这样强的画面感大大增强了学生的心理体验，足以让他们刻骨铭心，纪律问题不攻自破。对比上面三种方案，差距为何就这么大呢？

如果班主任自觉高山仰止，达不到摩西老师的境界，我们还可以换个思路：以上措施从教育契机上来看，都属于"偶发"事件，即事后救火；而纪律问题最佳的策略莫过于进行"德育预设"——如果能够在上第一节阅读课之前就郑重强调课堂纪律和细节，并在最初阶段强化习惯养成，那么形成氛围之后，也就不会出现"纪律非常糟，我和几个老师的管理收效甚微"这样的极端情况了。

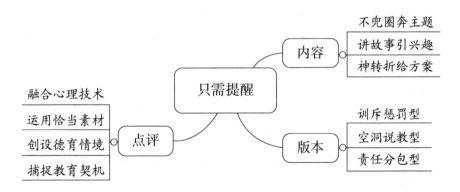

人格品质培养

亲情的时差和温差

> 背景 >>

中国式亲情有个奇怪的现象：家长急于给予孩子全部，而有些孩子却是拒绝、漠视的。基于此，我从学生普遍喜欢的歌曲入手，投其所好，顺势引导，既引导学生的思想，又教会他们品歌的角度和方法，德育、美育双丰收。

读张爱玲的短文《非走不可的弯路》，我领悟到过来人和年轻人由于年龄、经历不同，在一些认识上存在时差，比如父母与孩子之间。但孩子不能因为时差，而与家长温差太大。

> 目标 >>

①从歌词分析歌曲画面，感受三个阶段"我"的变化。
②分析三个阶段的情绪变化和和声处理，让学生领悟亲情交流中的时差和温差。
③通过进一步引导让学生知道面对自己最亲最爱的人亲情的温差应该减小。

> 准备 >>

①下载MV《生活不止眼前的苟且》。

②打印歌词，发放歌词。

过程 >>

师：一首歌就是一段路，一首歌就是一段情，歌曲里有故事，有感动，也有思考和启迪，今天我想通过浅析一首歌曲让大家感悟亲情。

（播放MV《生活不止眼前的苟且》）。

师：歌词是有画面的，请大家听歌看视频，结合手中的歌词思考以下问题：歌词表现了几个画面，分别是什么画面？画面中分别是"我"的哪些阶段？

生：歌曲表现了三个画面——母亲对"我"说、女友对"我"说、"我"对孩子说。

生：分别是"我"的少年、成年和做父亲之后。

师：很好，歌词具有讲述的功能，而歌曲律动和歌手演绎以及作品制作都是以歌词为载体，推动歌曲的情绪，触动听者的内心，引发思考和启迪。这首歌三个画面都是为推动主题句"生活不止眼前的苟且，还有诗和远方的田野"为目的。这印证了我们所说的那句话：重要的话说三遍。但是这首歌在演绎上远远超出了"重复"这个简单的层面。这三遍在情绪上和演绎方式上有明显的层次变化，这也是这首歌最高深和值得挖掘的点。老师把这三个阶段对主题句进行演绎的部分截取了下来，大家可以听听看，歌曲在这三个阶段的表达情绪和演绎方式到底有什么变化。（播放剪辑）

师：三个阶段的情绪（声音）没有变化？有什么层次与变化？如果有，是越来越强还是越来越弱？

生：有，越来越强了。母亲对"我"说的情景，唱得比较低，情绪比较弱；随后女友对"我"说的时候唱得声音大了一些，情绪强了一些；"我"作为父亲对自己的孩子说的时候，最强烈。

师：我们经常说一个人认识一件事需要一个过程，从这一角度来看，这三个阶段的"我"有什么变化？

生：刚开始可能不以为然，长大后慢慢理解，做了父亲以后迫切地想说给自己的孩子。

师：很好，这让我想起了张爱玲的一篇短文《非走不可的弯路》，每个过来人都想把自己的经验传递给年轻人，而每一个年轻人都想自己尝试，就像父母与我们一样。歌曲把这种一开始不以为然，然后渐渐明白，大彻大悟后迫切地想传递给自己孩子的情绪表达了出来。这是一个孩子自然成长成熟之路。

师：下面我们再缩小鉴赏范围，对比一下第一个阶段孩子与父母和第三阶段父母与孩子的态度。（播放剪辑）

师：我们知道，第一阶段表达情绪最弱，第三阶段表达情绪最强。关于第三阶段我们很容易理解，因为每一个父母都会尽自己最大的能力把自己认为对的东西传递给孩子，那么，"我"的父母传递给"我"的时候真的这么不尽力，这么微弱吗？

生：应该不是，可能父母用了很大力气但是"我"并没有用心听、虚心接受，甚至有抵触。

师：是呀，实际生活中父母往往用最强的信号却换来微弱的回应和浅浅的痕迹。我们想想，平时与父母（甚至老师）相处中有没有类似的情况？这样有什么坏处呢？

生：妈妈唠叨时我假装听，但实际都没有听进去。

师：为什么父母说的话我们不愿意听呢？

生：他们讲的道理我们都懂。

生：时代不一样，价值观也不一样，他们的观点我不能接受。

师：是呀，父母与我们年龄不同，成长环境不同，生活经历不同，是有时差的。

师：歌曲的和声有利于渲染情绪和表达内容，这首歌曲在和声处理上别出心裁：主唱和高八度的和声同时进行，第一阶段和声是主唱的背景，第二阶段背景向前靠，与主唱同样的音量，第三阶段的和声继续往前靠完全淹没了主唱的声音。而更有意思的是和声和主唱是一个人，大家先感受一下。（再次播放剪辑）

师：这让我想到了现实世界中的我和内心世界中的我。你认为主唱和和声哪一个代表现实世界中的我,哪一个代表内心世界中的我?

生:主唱代表现实世界中的我,和声代表内心世界中的我。

师:相比现实世界中的我,内心世界中的我对自己、对自己的亲人更真诚,你能由此得到什么结论?

生:父母对我们不但奉献着最大能量,而且还捧着一颗最真诚的心。

师:(总结)由于年龄和经历的不同,我们与父母的亲情交流存在时差,这是无法避免的,但是当父母捧着一颗真诚的心,竭尽全力想教育我们、引导我们、帮助我们的时候,请大家不要冷漠视之,淡然处之,因为那样我们会凉了父母的心。时差无法改变,那就让我们缩小温差吧,那样我们会成长快一些,父母的心会暖一些。

(河南省济源第一中学 张少斌)

方法点拨 >>

感恩这一话题是个庞大的主题!归结而言,感恩教育可以分为三大版本:

版本一:素材煽情型。这是感恩教育里最为泛滥的一种类型。班主任们往往会在网络上找到各种煽情的素材,比如父母在艰苦劳作的照片、《丑娘》《暖春》等影视片段、孝与不孝的典型事例,再配点催泪的背景音乐,保证学生泪点爆棚。

版本二:以情动人型。此类班会虽也煽情,却是以己之情煽彼之情。通常先从人生第一次开始,历数学生人生各种第一次以及父母的心态变化;接着学生会收到父母提前给自己悄悄写的信;最后学生用班主任的手机向自己的父母表达自己的爱。如果仪式感做得足,通常都会引起学生的共鸣,正能量满满。

版本三:以理服人型。感恩本就是"情"事,从以理服人的角度来切入的少之又少,能达到张老师这种高度的更是凤毛麟角。张老师先从一首歌曲切入,成功地营造出一个欣赏歌曲的情境,让学生在欣赏歌曲的同时增强了情感体验。从歌词的变化到声音的层次再到时差和温差,这哪里是一堂班会课,分明是一堂音乐课,令人不得不发出感慨:这堂班会课不简单!

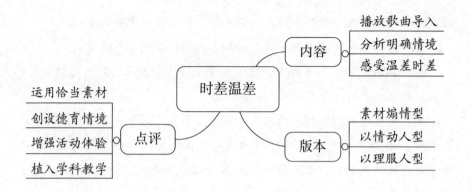

尊重的三层含义

背景 »

寒假一个月,许久未见的师生之间产生了一些生疏,学生在生活与作息方面有了很大的改变,对自我的期望与约束也相应地降低与放松。

目标 »

通过明确尊重的重要意义和具体做法,让学生尽快适应新学期的快节奏,调整好生物钟,迅速找到正确的角色位置。

过程 »

师:同学们,上个学期你们在咱们班学到的最重要的是什么?
生:知识?
师:不是。
生:能力?
师:也不是。
(在我两次否定之后同学们开始七嘴八舌,叽叽喳喳地议论起来,有的说是创造力,有的说是人际协调能力,有的说是领导力,还有相处力……这时，有个学生站起来了，声音响亮而自信。）

生：老师，我知道。是上个学期您一开学给我们讲的那两个字：尊重。

师：是的！你还记得啊？

（此刻大家异口同声地"哦"，示意他们都还清晰地记得上个学期刚开学的情景。）

师：那请问，哪位同学还能给老师讲讲尊重指的是什么呢？

生：要学会尊重，首先就是要尊重自己，其次要尊重别人。人心好比高山，你如何对待别人，别人就会怎么对待你。比如，你对大山喊"我理解你"，那大山的回音一定也是"我理解你"。如果你对大山说"我相信你"，那你也一定能得到相同的回答。

师：是的，你比喻得真形象。那有谁知道英语中有句谚语是怎么说的？

生：老师，我知道。是：Life is a mirror. If you smile to it, it will smile back to you; if you frown, you will get a similar look in return. 翻译成中文就是：生活是一面镜子，你笑它也笑，你哭它也哭。

师：既然大家都知道了，那我们如何做到尊重呢？

生：自己的事情自己做。

生：做错了事情要敢做敢当，不逃避不推诿。

生：要说到做到，不撒谎不骗人。

生：别人交代的事情要努力做到，如果实在做不到就不能答应。

……

师：大家说得真好！今天是开学第一天，我们又一次重温了"尊重"这个词，对它有了更深一步的认识。尊重有三层意思：尊重自己，不苟且，有品位；尊重他人，不霸道，有修养；尊重自然，不掠夺，跟自然和谐相处，实现可持续发展。新学期到了，每个人也许都有了新的打算和新的计划，在这里我还是想再次对大家说：请尊重自己，严格执行计划，让每一分每一秒都过得有意义。做一个有用的人！祝大家新学期新气象！

（广东省深圳市南山区第二外国语学校集团海德学校 李洁）

方法点拨 >>

开学收心是个例行事务，但它又是个技术活，功力不同会得出天差地别的结果来。比如：

版本一：雷大雨小型。开学伊始就摆出狠抓的姿态，扬言要在迟到早退、自习纪律、卫生保洁、作业收缴等方面进行围追堵截。然而学生慑慑数日之后，并不见有何异常，于是一笑置之。班主任公信度大跌。

版本二：系统覆盖型。开学之初开展"纪律整顿月"，先进行开学考试验收假期学习成果，然后在两操、晚寝、迟到早退、自习、卫生保洁等各个方面严密排查，对违纪者加大处分。这种做法较为彻底，效果亦佳，但操作成本太高，一般都在年级层面进行。

版本三：承上启下型。这类班主任一般会在开学之初开主题班会，盘点上学期的成就和教训，同时展望本学期的愿景并加以规划。至于形式如何、落实到什么程度就因人而异了。

李老师的这节微班会就是第三个版本的简化版。由于时间有限，她把内容和环节都进行了压缩，只保留了最精华的部分：开学重提"尊重"，在关键的时间节点捕捉教育契机，对上学期的核心理念进行回顾和强化；小结时着眼当下，是对本学期的展望和期盼；全程没有说教，融合了"正面管教""非暴力沟通"等心理技术，对学生明确提出了合理期待。笔者以为，对学生提出期待之后，需投入一定的行动跟进，以保证目标的落实。

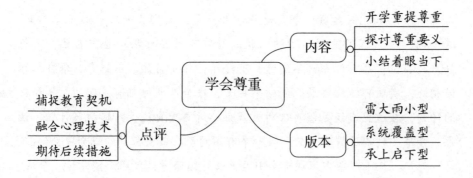

吊兰为什么那么绿

背景 >>

漫长的暑假终于结束了,对高三怀着美好憧憬的学生们又回到了阔别已久的校园。为了给全班学生营造一个耳目一新的感觉,也为了激发他们在新的学期有"拼搏高三,幸福一生"的斗志,在开学的当天下午趁大部分学生还没到教室的时候,我和先到的几个学生把班级彻底打扫了一遍,做到窗明几净。等学生们全部到齐的时候,我手捧两盆吊兰进入教室——这是我们班的班花,已经在班里养了一年,它不仅幽雅翠绿,而且可以净化空气,美化环境——霎时间,学生们的目光一下子都汇聚到吊兰身上。他们都瞪大眼睛发出"啊"的一声,我知道,教育的契机来了。

目标 >>

借物喻人,培养学生循序渐进、持之以恒的精神品质。

准备 >>

两盆被精心照顾的班级植物(或其他)。

过程 >>

师:我看到很多同学都很惊讶,你们是不是在想:经过一个月的酷暑,吊兰竟然还能枝繁叶茂、翠绿清秀?

生:(大喊)是!

师:那咱班的吊兰是不是无需浇水的"仙草"呢?

生:(大笑)不是!是老班在暑假里照顾它们、给它们浇水了!

师:一放假,我就将吊兰小心翼翼地拿到我的办公室。暑假期间,我一边在家精心照顾我刚出生不久的儿子,一边惦记着这两盆和同学们朝夕相处一年的吊兰。每隔两天我就专程到办公室给它们浇水。我一开始觉得有些麻烦,就想要不一次多浇点水?这样我就可以少跑几趟了。但想了想还是算了，养花这种事情急不得，万一浇死了就糟了，还是循序渐进为好。就这样，无论刮风下雨还是烈日当头，我都一如既往地伺候着这两盆吊兰——我们的好朋友。现在，我终于不负众望，把它们再次平安地交还给班级了！

（学生们热烈鼓掌。接下来，我开始借题发挥，由此及彼。）

师：由于我的悉心照料，才有我们今天眼前的绿意盎然。而回望暑假，同学们在家里是不是也像我用心呵护吊兰一样去呵护你们的学业呢？你们是循序渐进、持之以恒地给自己充电了呢？还是刚开始猛浇水（用功），结果三天打鱼两天晒网不了了之了呢？抑或是天天睡懒觉，白白浪费掉30多天的宝贵时间呢？又或是沉溺于电脑游戏而不能自拔了呢？……

（这些话，字字都敲在学生的心里，句句都叩问着学生的心灵。）

师：最后，我要提醒大家，生命中有很多事都像照顾这两盆吊兰，以后你们无论干什么事都要循序渐进、用心经营，无论遇到什么困难都要敢于坚持、持之以恒，无论面对多大挑战都要坚定信念、勇往直前。

（河南省济源第一中学　崔振）

方法点拨

关于"持之以恒"这种品质类的话题，相信广大师生必然烂熟于心。老师们早已磨破了嘴皮，苦口婆心像唐僧一样絮叨；学生们却耳朵听出了茧子，猴抓苍蝇一样不胜其烦。为什么呢？仔细回想，班主任们的说教套路往往是这样的：

版本一：强行要求型。你要这样，你要那样；你看人家谁谁都怎样怎样，你还不赶紧怎样怎样；好好学习才能上好大学，上个好大学才能找个好工作，找个好工作才能有好未来——学生从小就被父母用这种方式摧残，早已百炼成钢，到了学校又怎么能吃这一套呢？

版本二：严厉禁止型。你不能这样，你不能那样；坚决不能这样，否则就怎样；就你这样，还能怎样？朽木不可雕也，粪土之墙不可圬也！烂泥扶不上墙！——语言暴力型的家长怕也不在少数，班主任就不要添乱了。

版本三：以上两个版本的叠加。可想而知，效果也好不到哪里去。

这里要讨论的是：对于学生耳熟能详的常见话题，我们该怎样洞穿学生厚如城墙的耳朵、植入他们大门紧锁的心坎里呢？笔者以为应抓住以下五个方面：

第一，要善于抓住教育时机。开学时、考前冲刺时、学生春风得意时、学生沮丧失落时，总之，在学生们需要的时候借势而上，而非逮着机会就絮叨。当学生脸上露出"看，又来了"的表情时，班主任不如明智地闭嘴，另择良机。在这个案例中，新学段伊始，学生们正充满着美好的期待，崔老师就抓住了这个契机，不经意间绕开了他们的防御罩，直抵内心。

第二，要善假于物。空洞宽泛的道理没人爱听，眼见为实的物品却是切实可感的。一件实物、一段文字、一张图片、一段视频、一个实验、一场模拟、一个问题等，都可以巧妙地创设情境，引人入胜。崔老师就借助班花吊兰，借物喻人，自然妥帖，令人不由自主地认同。

第三，要寻找新鲜的德育角度。同样的素材，横看成岭侧成峰，远近高低各不同。如果总是"云对雨，雪对风，晚照对晴空"，不说学生，怕是老师自己也烦腻了，但换个角度，则又是一番奇景，学生自然容易入耳入心。

第四，理念要落地。所有的"高大上"都要结合生活实际、都要落实到行动上，否则必然变成"假大空"。这里交代一下背景，崔老师带的是基础实验班，也就是所谓的"后进"班，所以他才从养花的角度切入到"循序渐进、持之以恒"这个主题上来。如果能在触动学生之后，顺势再提一些行动上的要求，作用可能会更大。

第五，说教要适度。此类班会重在启发，宜集中发力、点到为止，最忌漫无边际随意发挥，如老妪裹脚之布，又臭又长。届时，就算你时机抓得再好、角度找得再奇、道理说得再透，怕也是无力回天，一番努力终将付诸东流了。

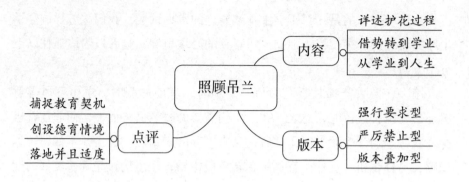

老师,你烦不烦

背景

自从学校开设足球课后,孩子们疯似地爱上了足球。听学习委员说,有的甚至开始拖交作业了。这且不说,更可气的是,这一群熊孩子居然不分时间场合,特别是"四大天王"之首熊豪杰居然把球踢到教室里来了,搞得鸡犬不宁,有一次还被值日领导逮住了。听到值日干部的汇报,我的肺都快气炸了。身为体育委员,就是这样起示范作用的?这些实验班的孩子学习本来就有很强的自觉性,适当地放松是有必要的,一直以来我只是让班干部给他们提个醒,没想到愈演愈烈。不仅损坏公物,而且有损班级形象,更重要的是影响了别人的休息和学习。看样子,这股歪风邪气不刹是不行了,我得好好盘算盘算。

目标

让学生认识到不分场合乱踢球的严重性。

过程

[那一堂课新授内容讲完后,时间只剩十来分钟。我发给孩子们一

张小测试卷（用时约15分钟）让他们进行练习，然后趁机进行我的计划：我来到课桌边，孩子们都在专心写作业，谁也没有注意到我。我掀开盖子，用头顶住，装作找资料的样子，然后"咣当"一声，盖板直盖下来。孩子们吓了一跳，抬起头看看我，然后继续写作业。我没有说话，再次掀开盖板，继续在里面翻看。稍微一用力，桌子上的资料"哗啦啦"地往下掉，盖板又"咣当"一声盖下去了。全班同学又都抬起了头，不知道老师到底怎么回事。有的孩子脸上已经露出了不悦。坐在前面的刘伊特别机灵，似乎为了掩饰我的窘迫，赶紧帮我把书捡起来。我说了声"谢谢"，但是脸开始发烫：不知道我的恶作剧会不会让孩子们看出来，但我必须继续我的表演。当我第三次把桌子的面板直盖下去的时候，孩子们有的皱起了眉头，有的脸上露出了厌恶的神色，有的同学已经停下了笔。显然，他们对我的行为已经很不满意了。]

师：同学们，老师刚刚把桌子弄响了几次？

生：（声音很响）三次。

（特别是体育委员熊豪杰一脸兴奋的样子，好像特别想看一场好戏。）

师：很好。看样子，大家对这件事的印象很深刻——我连续三次制造噪音，影响到大家了。

（学生们看着我，不置可否。）

师：好。我们先假设一下，如果制造噪音的人不是我，而且此时允许你对当事人说一句话，以表达你此时的感受，或者发牢骚，你最想说的话是什么？

生：哎！小心一点。

生：烦死了！

熊：你故意的？（熊豪杰给梯就上，眉头一挑站了起来。）

生：就是。你到底还让不让我们做作业？（他的死党落井下石，紧跟一句。）

生：对！人品有问题！（另外两位"天王"也加入进来，唯恐天下不乱。）

熊：找抽吧。（听到有人支持，熊豪杰来劲了。）

生：我会提醒他，你是不是该注意一下你的行为？（学习委员站出来解围。）

生：……

师：很好。刚才因为老师的疏忽，影响了大家的学习，实在是对不起。

生：你不是说当事人不是你吗？

师：（朝她笑了笑）没事。如果说这是一个错误的话，那么请大家记住，老师连续犯了三次错，影响到了大家的学习。无论是谁，影响到别人就应该道歉，犯了错误就应该承认，并且改正。不是吗？

生：（齐声）是！

师：听了大家的发言，老师很高兴。有人进行了提醒，有人提出了建议，有人表示了质疑，这是大家应有的正常的反应。谢谢大家的坦诚。可是我刚才注意到第一次发出噪音的时候，同学们根本没在意。是不是？

生：是。

师：第二次我的书掉下去的时候，刘伊同学赶紧帮我捡起来，丝毫没有怪我的意思，对不对？

生：是的。

师：感谢大家，在我犯错误的时候选择了宽容和原谅。可是，我却屡教不改，一犯再犯。所以，第三次时，大家是不是就忍无可忍、认为我人品有问题了？

（有同学开始点头："嗯，嗯。"）

师：老师在寻找物品时，影响到了大家的学习，同学们心里肯定不太舒服，可以理解；甚至有同学很气愤，恨不得上去抽一顿，虽然做法不可取，但这种情绪是正常的，说明我们班上有一股正能量。

（学生心里非常舒服，尤其是熊豪杰，得意地一直笑。）

师：（话锋一转）可是，老师听说休息时间，有人在走廊上、教室里踢球——一而再、再而三，我不知道是谁，也不知道当事人作何感想。

（熊豪杰的脸刷地一下就红了。）

生：（异口同声）就是就是。

（"四大天王"都耷拉着脑袋，完全没有了先前的气焰。学生们还在七嘴八舌地讨论。）

生：去操场上呗。

生：踢球不违法，不影响我们就行了。

生：上次还踢破了一块玻璃，这不是损坏公物吗？

（大家的眼光齐刷刷地看着熊豪杰。）

熊：（马上辩解）我不是立马就补上了吗？

生：……

师：熊豪杰，你不是最有主见吗？再说身为体育委员，这事该怎么办？来说说你的看法。

熊：（不敢抬头）我……我以后抓紧时间学习。

师：（欲擒故纵）老师没要你表决心，犯错的又不是你。我是想问你，对于有人在走廊上、教室里踢球这事，你有什么看法？

熊：首先，这样会影响大家的学习和休息；……老师，不说了，我保证再也不会有人在教学楼踢球了。

师：又不是你在踢，你能保证？

（我故意将他一军，孩子们哄堂大笑。）

熊：必须的。不看看我是谁！

师：好！我说了不算，先问问大家，大家信不信？

生：（齐答）不信！

（没想到，孩子们异口同声。）

熊：老师，我保证！以人格担保！真的！真的！

（熊豪杰脖子都红了，看看他的死党，希望得到他们的拥护。可是那几个家伙羞得无地自容，哪里敢抬头。）

师：先不说其他的话，我们拭目以待吧！

（从此以后，教室里走廊上，再也没有了足球的影子。）

（湖北省天门市石家河镇段场村段场小学　李艳妮）

方法点拨 >>

每个班里都会有那么几个"刺头"学生。设想一下，如果自己遇到了

相同的情况,会怎么处理呢?笔者专门作了调查,并将大家的意见汇总为以下三个版本:

版本一:武斗镇压型。这类班主任认为,踢一次球就该被没收处分了,多次踢球简直匪夷所思。首先,照章办事,按班规处理,踢坏了玻璃要照价赔偿;其次,踢一次球没收一次,看他能买几个;再次,罚他回家反省,此招有奇效,家长最怕孩子被罚回家;最后,返校时要写出"深刻"的书面检查,是否"深刻"是由班主任主观判定的——也许三五百字就能反思清楚,也许写上三五千字还没认识到位,就看学生的觉悟了——直到学生彻底服气为止。这种方式适合强硬派班主任,但一来要把握好度,以免激化师生矛盾,弄巧成拙;二来也要因人而异,避免"一刀切"的做法。

版本二:对症下药型。这类班主任主张先分析踢球的原因,对症下药。如果是为了缓解压力,就找学生谈话,并提供正确的缓压方式;如果是学有余力找消遣,就罚他多做题,一举两得;如果是无视纪律,就先做思想工作,然后罚他背诵校规校纪并出题考试,考试合格后方可入班学习。这种方式的针对性强了许多,适合大部分情况,比较推荐使用。但还需提防"明知故犯"的情况出现。

版本三:文斗智取型。这类班主任绕开了常规的管理思路,明修栈道,暗度陈仓,让学生防不胜防,取得德育奇效。李老师采取的就是这种策略。她利用自己课堂的剩余时间(微小时段),首先设局制造噪音,引起学生的不满(增强活动体验);然后自撤教师身份让学生批判,营造了预期舆论的同时还让教育对象嚣张暴露(大喊"人品有问题"),悄无声息断了他的后路;随后话锋一转直指主题,使其从嚣张的顶峰跌落谷底,前后落差极大,瞬间击垮了他的心理防线,取得了良好的教育效果。过程虽短,但剑拔弩张、短兵相接、蓄势陡转的场景如在眼前,让人忍不住联想到《七擒孟获》《智斗》等经典桥段。常言道:"自古深情留不住,唯有套路得人心。"李老师的"套路"玩得深啊!难得的是,李老师全程没有一句批评,就拿准了小主人公喜欢博取关注、必定在意众人评价的心理,通过层层铺垫,把全班同学带入其中,形成强大舆论,最终逼其就犯。如果不具备一定的心理知识，是很难做到这样润物无声的。鉴于以上分析，这种方式的操作门槛较高，建议班主任谨慎使用。

此外，如果学生多次出现同样的违纪事件，多半是班级的反馈机制（包括学生对老师的及时反馈和老师对学生的及时反馈）出了问题，建议班主任及时补救；学生嚣张至此，恐怕和所谓的"四大天王"这类小团伙有关，最好也择机分化之。

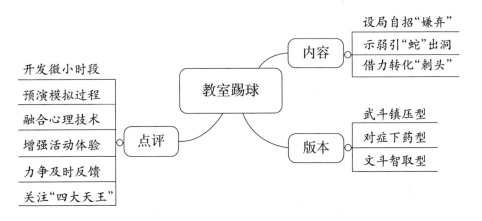

小猪佩奇的烦恼

背景 >>

期中考试后，我在学生的考后反思中发现了大量这样的表述："我总认为自己很笨，一般人能理解的问题我却理解不了""计算马虎是我的老毛病，从小学到现在一直都犯；可没有办法，改不了""英语从小就学不好，没有这方面的天赋"……看到这样的表述，我一方面理解孩子的痛苦，另一方面也觉得好气又好笑。这是一种典型的"固定型思维"，其导致的畏难情绪会抑制学生的继续努力，危害巨大。必须做点什么了。

> 目标 >>

让学生认识到困难只是暂时的，努力才是根本。

> 准备 >>

①剪辑动画《小猪佩奇·吹口哨》。
②制作课件。

> 过程 >>

（英语课前，我提前进班，打开了多媒体，并板书。）

师：同学们，今天我们先不上课，老师给大家看个小视频。

（一听要看视频，学生们两眼放光，顿时来了精神。）

师：看视频的时候，请同学思考下面这两个问题：

①佩奇在学吹口哨时，分别在谁那里遇到了挫折？

②遭遇历次挫折时，佩奇的心态有什么变化？她是怎么解释的？

（我开始播放视频1，学生们边看边笑，时不时记上两笔。）

师：看来同学们对佩奇的遭遇很有共鸣啊！（学生笑，"嗯"声一片。）第一个问题：佩奇在学吹口哨时，分别在谁那里遇到了挫折？

生：在猪爸爸、猪妈妈、弟弟乔治和小羊苏西那里。除了猪爸爸，其他人都是一学就会，让佩奇感到很沮丧。

师：很好。那佩奇都是怎么解释的？

生：第一次是在猪爸爸那里，佩奇吹了两下不响，就灰心说："我想我的嘴巴肯定是有点问题。"在爸爸的鼓励下又吹了两下，还是不响，于是她生气地说："这个根本就不可能！"第二次是在猪妈妈那里，见到猪妈妈一学就会，她说："你会吹口哨，是因为你年纪大，妈妈。"第三次是在弟弟乔治那里，发现乔治也一学就会，她特别受打击，说："我不会吹口哨，可其他人都会吹。"于是她去找好朋友小羊苏西倾诉，得知苏西也不会，她脱口而出："太好了！"可苏西也一学就会，她直接崩溃地挂了电话，说："我永远也学不会吹口哨，永远！"爸爸问她练习了没有，她说："当然！

很多次，可是一点用都没有！"

师：很好！我们留意到佩奇在受到打击时，她给自己找的理由是：

①嘴巴有问题。

②她根本不可能吹响。

③妈妈会吹是因为年纪大。

④自己永远也学不会吹口哨，练习一点用都没有！

大家觉得佩奇的话有道理吗？她为什么学不会吹口哨？

生：没道理。吹口哨就是一个练习的问题，跟嘴巴、年龄等都没关系。只要勤加练习，肯定能学会的。佩奇说练习了很多次一点用都没有，其实不是没用，而是练习量不够！

（学生们纷纷附和："嗯！""对！""就是这样。"）

生：我赞同。另外，她把学不会吹口哨的原因归咎到嘴巴和年龄这种无法改变的事情上，只会让她为自己开脱，从而更不努力练习，导致她更学不会了。

（学生们纷纷赞同。）

师：（鼓掌）说得太好了！我们来继续看后面的故事。

（播放视频2，佩奇在用嘴吹妈妈做好的热腾腾的饼干时，无意中吹响了口哨，故事在一家人欢快的口哨声中结束。同学们情不自禁地鼓起掌来。）

师：期中考试后，老师发现很多同学在考后反思中写道："我总认为自己很笨，一般人能理解的问题我却理解不了""计算马虎是我的老毛病，从小学到现在一直都犯；可没有办法，改不了""英语从小就学不好，没有这方面的天赋"。大家听听，这像不像小猪佩奇啊？

（学生笑，有些学生不好意思地低下了头。但也有学生反对，竟然也赢得了部分学生的赞同。）

生：学习跟吹口哨可不一样，吹口哨多简单啊！只要练习肯定能学会的！

师：（反问）学习也多简单啊！只要练习肯定能学会的！为什么你会认为不一样呢？

生：那是对您而言简单，我们学起来可难了！

（有学生说"就是就是"。）

师：（不急不缓）吹口哨简单也是对你而言，对佩奇来说可难了！

（这位学生哑口无言，我的话立刻赢得了大多数同学的赞同，不少同学若有所悟。）

师：（总结）我们的生活哪能一路坦途？当困难挡在我们面前的时候，总是好似难以逾越的大山。于是"不可能""我不行""永远都"这样的消极念头就会萦绕在心头，羁绊着脚步；然而一旦我们鼓足了勇气上路，克服了困难再往回看，却发现所谓的艰难也不过如此，之前的念头多么幼稚。这大概就是"踏破铁鞋无觅处，得来全不费功夫"吧！然而真是"全不费功夫"吗？当然不是，任何技能的获得都需要不断地坚持和持续地积累，你只有默默地拼尽全力，才能在表面上看起来毫不费力啊！

（学生鼓掌，久久不歇。）

（河南省济源第一中学　侯志强）

方法点拨

在学习过程中，学生难免会遇到一些困难。这时候，如何看待这些困难就很重要：老师和家长当然希望孩子们能愈挫愈勇，迎难而上；但在学生们看来，有些困难就像喜马拉雅山，几乎是不可逾越的。斯坦福大学卡罗尔·德韦克教授提出的 Mindset 理论指出，人们大体分为两种心智模式——固定型思维模式（Fixed Mindset）和成长型思维模式（Growth Mindset）。当一切顺利如意时，这两类人的行为和表现不会有太大不同；但是在遭遇挫折和挑战时，会出现明显区别：

固定型思维的人认为智力是先天决定、固定不变的，所以他们的基本原则就是：让自己任何时候都显得聪明能干，不惜代价去证明；认为如果需要付出太多努力，就说明自己不够聪明不够能干；认为失败和障碍显得自己无能，所以会拼命避免和隐藏。成长型思维的人相信智力可以发展和提高，因此他们的首要原则就是学习，学习，再学习；认为不断努力，就可以不断提高；认为失败和错误在所难免，所以最好是直面和克服。学习就像运动，成功后会带来满足感、成就感和愉悦感，但是这个过程不轻松。只有习得成长型思维，才能在学习遇到困难和挫折时坚持下去。

孩子生下来就具有成长型思维，但慢慢地，环境和成人作用于他们身上的行为，不经意间把他们往固定型思维上推。如果不能以学生的视角思考问题，很容易出现各种低效甚至无效的做法：

版本一：斥责痛骂型。"一个连自己都认为自己笨的人，能够聪明到哪里去？哪个正常人能笨到认为自己是笨蛋？粗心马虎改不了？你怎么改的？这次粗心了下次要细心？英语没天赋就不要上了，反正考试是要看总分的，一科瘸腿全科完蛋，上也白上。要不咱们回家吧！"典型的刀子嘴豆腐心，正话偏要反说，好像这样就能骂得学生幡然醒悟一样，殊不知一通挖苦斥责下来，学生再也不敢在反思中说实话了，问题解决不了不说，班主任连自己的信息通道都堵死了。

版本二：苦口婆心型。"正是因为有问题，所以才有改进的空间嘛！俗话说'笨鸟先飞'，既然自认为智力拼不过别人，那就只好拼努力了。勤能补拙嘛！"这类班主任也是用心良苦，想利用学生的"笨"的心理来断其后路，促其向勤。但这无异于承认和强化学生的固定型思维，就算激励了部分学生，也不过是倡导用战术上的勤奋来掩饰战略上的懒惰，导致学生低品质勤奋而已。

版本三：困境抽离型。直接责骂导致学生闭嘴，讲大道理学生又会麻木厌烦，那就只好迂回前进了：捕捉到学生的固定型思维倾向后（契机），提前做好了视频和课件（预演），借用英语课堂的十分钟（微小时段）给学生看一段动画片（素材），学生以一个旁观者的角度俯视小猪佩奇幼稚的举动，自然能够排除自己的主观情绪，得出正确的判断和结论（心理抽离），这时候再返回到自己的问题，也就没有那么可怕了。最后班主任趁机总结拔高（及时总结），收到了良好的效果。

需要强调的是，因为涉及的专业术语过多，班主任最好化繁为简，转用平实的语言来降低学生的接受门槛，尽量做到润物无声。

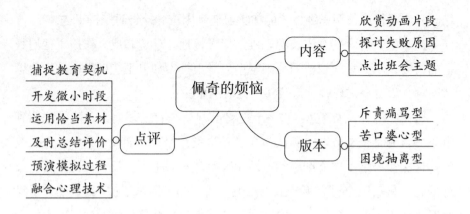

让人们因我的存在而感到幸福

背景 >>

李镇西在实际工作中,善于将班级精神提炼为一句通俗易懂的话,并在每次接新生班的时候,把它传递给孩子们——"让人们因我的存在而感到幸福"。有一次开学,李镇西说了这句话以后,叫学生去领教材。发教材的时候,有一个学生说:"李老师,这本音乐书是破的。"

目标 >>

让学生感悟在小事中践行"让人们因我的存在而感到幸福"的方法和态度。

过程 >>

师:(把破损的书在班上展示)同学们看,这本音乐书的封面是破的,但内容并没有受影响,李老师想问一问,哪位同学愿意要这本封面破了的教材?

(这时一个同学把手举起来,接着两个、三个……几乎所有同学都把手举起来了。）

师：（把书递给了第一个举手的同学）这位同学叫什么名字？

生：（腼腆）我叫于建忠。

师：（大声）你们看，此刻我们每一个人都因为于建忠而感到了班集体无比温暖！不是吗？不只是因为于建忠，还有所有举手的同学，我们班级有了这么多随时想着别人的同学，我们每个同学都感到无比的温馨，这就叫作"让人们因我的存在而感到幸福"。

（摘编自李镇西的报告《情感　思想　智慧》）

方法点拨 >>

发书的时候有一本书的封面破了——这是多么小的一件事啊！回想我们平时是怎么做的呢？

版本一：公事公办型。告诉学生，把这本书退回图书馆，换一本新的。

版本二：轻描淡写型。告诉学生："封皮破了并不影响内容的使用，粘一下就行了。"

版本三：不以为然型。批评学生："我以为多大个事儿呢，不就是破了个皮吗？又不影响使用，做人别那么小家子气。"若碰到一个脾气暴烈的学生，师生冲突可能会因此而起。

版本四：小题大做型。李老师的绝妙之处就在于，他非但没有轻描淡写地一笔带过，反而小题大做，发动学生来认领破损的课本，一下子改变了事件的关键点，让学生的焦点落在"为他人着想"这个素养层面上来。这就把"事件"变成了教育的契机，而且是渗透了"班级精神"的教育契机。他让学生明白，班级精神不是虚无飘渺的口号，而就在我们日常生活的点滴小事之中。只要我们坚持于细微处着力，就可以"让人们因我的存在而感到幸福"。可以想象一下，学生第一天报名，回家后他会怎样跟他的父母谈论他的班级和班主任？他可能会说，这个班的学生和老师太好了，来到这个班我感到很幸运。能否抓住教育契机，适时开展主题教育活动，考验着老师的教育理念和人文素养的积淀。

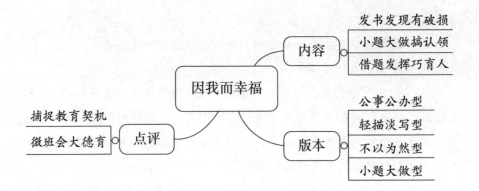

综合能力提升

人前人后一个样

背景 >>

上午最后一节是思品课。上个学期以来,思品课一直是我们班级纪律最乱的课。经过长时间观察,我发现乱的原因有二:一是思品课不参加统测;二是老师的要求不那么严格,至少跟班级的规定有悖。于是开始有人无视纪律,说话,大笑,睡觉……喏,下课后我堵在教室门口。

目标 >>

解决辅修课违纪问题。

过程 >>

师:请值周班干总结一下上节课的情况。

生:上课说话的有黄、卢、蒋;睡觉的有刘,还有大笑的潘。

师:请以上点到名的学生过来,其他的迅速去吃饭。

师:先给大家两分钟时间反思,自己在本堂课里做了些什么。

师:(两分钟后)好,一个一个来,要求是清楚地描述自己做了什么,为什么这么做,这么做的影响是什么,自己的感受如何。开始!

卢:今天的思品课,我和同桌黄说话了,因为老师的声音很小,我就没有控制住自己。这样做很不好,因为是对老师的不尊重。以后一定改正。我感到很惭愧。

师：说得很清楚，很好！课堂上没有老师的允许不能随意说话聊天，有问题举手提问。这就是尊重。

黄：我是因为没有按捺住自己的好奇心，未经老师允许就随意跟同桌说话聊天，我错了。以后无论是什么科目我都要好好地认真上课，学会倾听、学会尊重、学会感恩。身为班干部我没能以身作则，还违反纪律，我感到很羞耻。

师：你能感受到自己的责任，老师很欣慰！上周你请假回老家，我知道是因为曾祖父去世了，我很遗憾。同时我希望你能继承家族的优良传统，作为男子汉，勇于担当，敢于面对困难和挫折。犯错后反思并立马更正，就是好样的！

潘：我是因为老师说的很好笑就大笑了起来，随后又跟蒋说话聊天，我们的行为没有遵守课堂纪律，对不起老师！我后悔了，以后不会了！我一定努力做到。

师：好，男子汉，说到做到！我等着你的一点点进步。

蒋：老师，刚才上课的时候潘总是来找我说话……

（未等他说完，我打断了他：请注意，你要反省自己哪里做得不对。）

蒋：我上课说话了。

师：注意队形！注意审题！我的要求是：自省自己做了什么，为什么这么做，做了之后的影响是什么，自己什么感受。

蒋：我说话了，因为我没有控制自己，很随意，给班级带来了不好的影响，我很惭愧。

师：蒋，你的成绩很优秀，不得不承认你的学习能力确实很强。经过一个学期，我相信你对我的为人和带班有了很深的了解：评价一个学生的好坏，首先看德，然后才是智，所以做人是第一，成绩是第二，明白吗？不能因为成绩好而无视纪律，这种行为我们不欢迎！

刘：老师，我保证以后再也不睡觉，要认真听老师讲课，如果再犯错我就自动请求辞去数学课代表的职务，作业认真完成。

师：刘，早上老师刚跟你聊了，我们要做一个什么样的人？

刘：人前人后一个样。

师：对，那这当中的深层意思请你解读一下。

刘：就是在李老师面前和李老师背后一个样；对待每科一个样，不能因为参加统考就认真对待，其他的吊儿郎当。

师：对，我还要补充一句：男子汉，要说到做到！

师：（转向几个孩子）请大家把刚才说的话写下来，写下自己的心得，并保证此类错误不再犯。要谨言慎行，彬彬有礼！对人以诚，对事以精！

（孩子们一一跟我击掌承诺，透过他们坚定的眼神和严肃的表情，我知道这次犯错又让他们进步了一点，成熟了一点！击掌是我和学生的交流方式，它代表我们对彼此的承诺，对自己内心的承诺。）

（广东省深圳市南山区第二外国语学校集团海德学校　李洁）

方法点拨 >>

学生在课堂上"欺软怕硬"，恐怕很多班主任都曾为此感到头疼。这跟任课老师的管理风格有关，班主任只能旁敲侧击地提醒，还要看对方能否听得懂或听得进。既然此路难通，只好从学生层面下功夫。

版本一：全班猛批型。既然抓了个现形，正好抓住机会猛批一顿！声色俱厉地斥责一番，这帮熊孩子自知理亏，必不敢有何怨言，起码要老实一阵子。这是有些班主任常用的方法，但全班猛批必然"殃及无辜"，且不利于班级正气的培养，也解决不了根本问题，因此不建议使用。

版本二：杀一儆百型。抓住几个典型，翻旧账、罚劳动、见家长、写检查、公开检讨。一来打压了个别违纪"惯犯"的嚣张气焰，二来也对其他学生起到了警示作用。但这样做并不能真正教育学生——被罚者认为自己倒霉，其他学生可能会认为班主任小题大做——即使真的不违纪了，他们也是因为畏惧惩戒，而非真正认识到错误本身。

版本三：轻描淡写型。思品课不是统考科目，任课老师都不重视，我还能卷起袖子替他干不成？课堂纪律乱，身为班主任不能不管，抓学生个现形，批评批评，表个态算了。这种做法更不可取，学生课堂违纪跟任课老师的要求松懈有关，若班主任再睁一只眼闭一只眼，班级将永无宁日。

李老师则不同，她本着对学生负责的态度进行教育。首先，她先去思品课堂抓了学生一个现形（捕捉教育契机），只留下本堂违纪的学生，对他们的行为进行了及时的反馈和评价。在评价过程中，李老师的指导语清晰准确，给出的反思流程全面深刻；在学生逐个反思时，她对每个学生的情况都了如指掌，反映了她平时训练有素的管理风格。批评过程中并未一味斥责，而是本着利于成长的原则进行教育。反思过后的"承诺式击掌"也充满了仪式感，能增强学生的情感体验。像李老师这样的微班会，借鉴意义较其他类型更大。

此外，中学生在辅修科目的课堂上违纪，坦白地讲，主要责任并不在学生。在应试教育的引导之下，被扭曲了学习观念的不仅只有老师和家长，学生才是避无可避的受害主体。诚如李老师所言，"思品课不参加统考"，所以"老师的要求不那么严格，至少跟班级的规定有悖"，所以才有了思品课是"我们班级纪律最乱的课"这样的怪相发生。正所谓"上梁不正下梁歪"，笔者以为，不扭转学校（尤其是任课老师）的观念，单方面在学生层面努力是没有意义的。然而何其难哉！班主任要想不让这个怪相侵蚀班风，除了以上方案之外，还可以健全班级管理机制，充分发挥班委等班级骨干的作用。

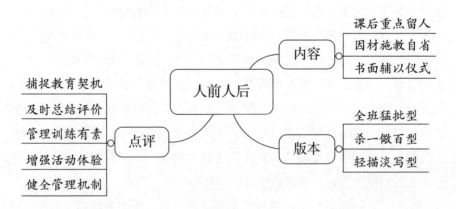

餐桌上的公平

背景 >>

学校进餐的形式一直是十人一桌,四菜一汤(两荤两素一汤)。每次吃饭都是等大多数同学到齐后,由每桌的席长分给各个同学,再开始进餐。可是,有一天我发现有同学一到餐桌前,就自顾自地开饭了。我知道如果不及时教育,有可能使事情变得复杂。于是趁早餐后大多数同学都到了教室,我开始了餐桌教育。

目标 >>

教同学们学会换位思考,培养他们集体生活的意识。

准备 >>

一包旺旺雪饼。

过程 >>

师:(高兴)同学们,刚才有人送我一包旺旺雪饼(估计有一二十来包),老师现在把它送给你们。

(同学们望着我,不知道我葫芦里卖的什么药。)

师:不过数量有限,怎么办?

生:先抢先得。

("是!""同意!"呵,还有拥护者!)

师:好吧!

(话未说完,好家伙!一拥而上,一抢而光。抢到的同学各个喜笑颜开,手快的抢了几包;没抢到的垂头丧气,悻悻而归。看着他们的样子,我叫住了一个抢得多的同学,问他什么感受。)

生:高兴!必须的。

(大家兴高采烈,已经有人开始品尝了。)

师：你特别喜欢吃吗？

生：也不是，就是抢着好玩。再说，抢到了我可以分给别人。

（"嗯，嗯。"同学们随声附和。）

师：人都喜欢拥有掌控权、主动权——抢得到总是让人开心的事。可是，那些没有抢到的同学呢？下面我来采访一下。

生：（不置可否，一脸无奈）没有就没有呗！

生：（不服气）哼！不公平！

师：咋啦？

生：他们先来的。

生：我来时已经没有了。

师：也就是说，本来这些饼干放在这里时，我们每一个人的机会是均等的。但是因为有同学提前进教室，这样就不再公平。于是，有的同学抢到了，有的同学没有。

（我抬头扫视了一下教室，抢到的几个同学低下了头。）

师：当然，这个活动是我发起的，我没有怪大家的意思。只是，我希望大家知道，我们是一个大集体、一个大家庭。虽然占有是人的一种本能，但很多时候我们不能只考虑自己。当然，我知道同学们对这一包旺旺雪饼也是不会计较的。我们刚才的规则是先抢先得，有同学没有抢到。这个规则首先就是不公平的。对不对？

（"对，对！"下面的声音此起彼伏。）

师：是的，我们人人都渴望公平。可是很多时候，我们却在无意识地制造不公平。（我抬起头，放缓了节奏。）譬如，我们进餐时，有同学先到，拿起勺子就往自己碗里舀饭，甚至还有的同学用自己的勺子去品尝。

（下面一阵骚动，大家四处张望，似乎想从人群里揪出这个人来。）

师：（制止了大家的猜疑的目光）我指出这种现象不是为了让大家去猜忌和指责，而是希望大家引起重视。我问大家：当你们看到别人有这样的举动时，你们是什么感受？

（大家议论纷纷。）

生：馋猫。

生：自私。

生：个人主义。

生：如果每个同学都搞特殊，那不就乱套了？

生：遵守集体纪律，树立集体意识，我们的集体才会团结兴旺。

生：……

（有同学低下了头。）

师：那么进餐时，我们该怎么办？

生：进餐前喊出我们的口号。（对于进餐我们是有规定的，而且编成了顺口溜。）

生：席长决定，轮流值日。一起进餐，先分后吃。

生：……

（突然，最先抢到的孙强同学如梦初醒一般，他拿出抢到的旺旺雪饼，拆开小包装，把饼干分给同桌。在他的带动下，教室里响起了一阵阵窸窸窣窣的声音。我知道那是世界上最和谐、最悦耳的旋律。）

（湖北省天门市石家河镇段场村段场小学　李艳妮）

方法点拨 >>

学生来自不同的家庭，其言行举止也带有不同家庭的缩影，在学校的生活和交往中难免会出现不和谐的现象，不文明就餐只是冰山一角。遇到类似不文明的举动，以下班主任不同的应对措施就值得考究：

版本一：批评挖苦型。当着全班的面对那些不文明的行为进行点评，历数其抢食之丑态、痛斥其自私之劣根。务必穷形尽相，力求入木三分，让那些抢食之人无地自容，令那些羡慕之人趑趄不前。这种方法往往在短期内可以立竿见影；但长远来看，站在道德的制高点上对抢食学生大加挞伐，无形中就堵死了他们返航的路，剥夺了他们改正的机会，对其他学生的严加防范也传递了不信任的信号，真是一石二鸟的"典范"。究其本质，是潜意识里把学生推向了对立面，把"人民内部矛盾"当成了"敌我矛盾"。这错失了教育的契机不说，还势必会导致师生关系紧张，并逐渐恶化为你追我赶的"猫鼠游戏"。

版本二：民主引导型。这类班主任清晰地将问题定位为"人民内部矛盾"，因而采取"团结—批评—团结"的民主方法，"从团结的愿望出发，经过批评或者斗争使矛盾得到解决，从而在新的基础上达到新的团结"。李老师采用的就是这种方法，用这种方法解决问题才是真正从根本上解决问题。然而这种方法需要教育对象有较高的思想觉悟，否则没有制度保障，也容易出现反复。

版本三：制度保障型。在民主引导的基础之上，再辅以制度保障：席长或值日生提前到场组织纪律，防止抢食再次发生；全员约定最迟开饭时间，以防全桌苦等一人。有了制度保障，班主任只需要稍加跟进，形成风气之后就能高枕无忧了。

李老师在处理事件的过程中，能够敏锐地捕捉教育契机，在刚发现苗头的时候及时引导，防患于未然，预见性令人钦佩；为了增强学生的认识，他还特地买了一包旺旺雪饼作为道具（创设德育情境），让学生在具体情境中体悟、在活动中认知（增强活动体验），是堂难得的好课。

在民主引导的过程中，班主任要特别留意自己的语言，有意识地运用心理技术，态度和善坚定不要影射，探讨就事论事不宜扩散；此外，班级就是班主任自身优缺点的放大，从这个意义上讲，管理班级本身就是一项自我挑战、自我突破的工程，值得班主任用一生去探索和追寻。

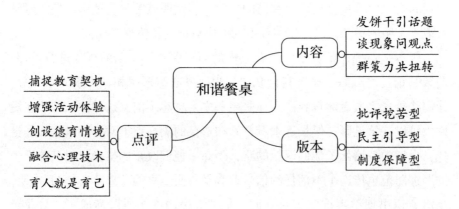

小木棍大道理

> 背景 >>

高二以后我会故意给学生制造许多麻烦，以锻炼学生了解和调控自我情绪的能力。但是部分学生接受不了老师直接的批评教育和苦口婆心的教诲，和老师对着干。周一中午我在教学区外的路上发现了一根棍子，顿时灵感来了。下午最后一节是班会课，我没有直接上课，而是跟学生谈论起了这根棍子。

> 目标 >>

告诉学生弯路是走向成功的一种历练。

> 准备 >>

一根木棍。

> 过程 >>

师：这是什么啊？

生：（你一言我一嘴地起哄）搅屎棍。

师：还有呢？

生：（平时爱捣蛋，阴阳怪气）老师对学生的爱。

师：你的意思是它可以当作一把戒尺，还有没有？

生：金箍棒！

师：你把自己当孙悟空了吧？

（学生哄笑。）

师：有时候我很佩服我们的大自然，这根棍子直不直啊？

生：（齐声）直！

师：反过来想想我们，有的人长得根正苗红，有的人呢？

生：歪瓜裂枣。

师：还有呢？

生：曲里拐弯。

师：这木棍长得这么直，之前供给它养分的根部弯不弯？

生：（齐声）弯！

师：这跟人的成长是一样的：你要想长得直，有时必须先有一个拐弯的过程；走过了弯路，你会更懂得怎样变直。

（学生如醍醐灌顶，一片掌声。）

师：咱们班有很多人都走过弯路，石城走过，张雨哲也走过，行晓航也走过。最近张雨哲进步大不大？

生：（齐声）大！

师：历史考班里边第一名，96分。

（学生一片惊诧，顿时响起了惊呼声和掌声。）

师：走过弯路后才会知道其中的危害，然后才能走得直；在长直的过程中你必须约束自己，并且时刻提醒自己，严格要求自己，不能再走弯路了。

生：（提议）老师，把它挂起来，当作我们班的班棍！

（师生鼓掌。）

（河南省济源第一中学　李磊磊）

方法点拨 >>

"热脸贴个冷屁股"，相信不独班主任，就算普通老师都会经常碰到。最常见的处理方式有以下版本：

版本一：以势夺人型。小样，我是为了你好，你还有理了？本来老师就是长辈，这下得了理，更加不饶人，气贯长虹地一顿训斥。还别说，有些态度不端正但具有反思气质的学生真就被骂醒了，哭鼻抹泪之后痛改前非；但更多的是老师你劈头盖脸地训，学生他冷脸梗脖地听——你为我好你就对吗？这叫道德绑架！

版本二：以时待人型。这类班主任比较淡定，工作是要做的，若真是贴了冷屁股，干脆把学生晾起来，任由他自生自灭——前途是你自己的，你都不急我急啥？等你吃了瘪着急求我的时候再说吧。这也不失为一个策略，但若把握不好度，很容易会被认为不负责任，且大多时候也是甩不干净的，等学生出了问题你照样得帮他"擦屁股"。

版本三：以理服人型。这类班主任喜欢旁敲侧击地讲道理，力求以理服人。像李老师这般，在路上见到一根棍子就来了灵感（灵感酝酿的过程就是预演模拟的过程），拿着根棍子就讲了个道理：要想长得直，有时弯路不可省——这就给学生创设了一个情境，由物及人，引申到学生的成长上，并对典型学生的表现进行了及时的总结评价。无论学生怎样调侃甚至挑衅，李老师全程只有引导，绝无批评，心理技术过硬，妥妥地点化了学生。

此外，中国此前"狼爸""虎妈"盛行，他们为了进行"挫折教育"，人为给孩子设置成长障碍，曾引起国人争议。由彼及此，李老师"故意给学生制造许多麻烦"的做法不知当否？

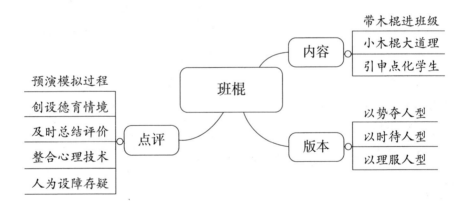

不要盲目跟风

背景 >>

在和学生聊天的过程中，我发现有些学生总是不自觉地提起班里的几位"大神"。在他们看来,这些"大神"的高中生活真是过得既轻松又惬意——他们有的总是完不成作业,上课老挨批评;有的语文(或/和)英语学得很烂;有的总也睡不够,睡觉时间甚至从课下延伸到了课堂上;有的课余生活丰富得很;有的恋爱谈得昏天黑地……可是,他们的成绩照样拔尖!学生们羡慕嫉妒恨之余,纷纷效仿。这绝对是个影响班级长远发展的不良现象!长此以往,学风危矣!

目标 >>

纠正盲目跟风。

准备 >>

①明察暗访:在班暗访后,我发现所谓"大神"们的主要特征是:基础扎实、思维敏捷、有独到的学习方法、成绩均为中等偏上、学习风格与主流不符甚至相悖。用一个句式来概括他们在班里的印象就是:"尽管TA……,可TA照样成绩好!"这谁能受得了?!受到这类学生冲击最大的主要是班里的中等生:一类是那些成绩平平却不太想用功的学生,他们本就自制力差,见到"大神"的表现就更加心痒难耐;另一类则是那些埋头苦学却收效甚微的学生,他们本就为自己的努力得不到回报而苦恼,见状更加气恼。

②提前安排典型的"大神"总结自己的学习"秘笈"并保密。

过程 >>

(这天晚饭后,我等学生都到齐了,就开了一堂微班会。)

师:同学们,前两天老师在网上看到一则笑话,今天特地跟大家分享一下。

(学生们一听有笑话听,立刻感兴趣地抬起头来。)

师:在飞机上,乌鸦很轻佻地对空姐说:"妹子,给哥来杯水!"猪一看觉得很酷!也有样学样:"妹子,给哥也来一杯!"结果它们都被乘务员扔出了机舱!

(学生们轻笑了一下。)

师:(继续)这时,乌鸦笑着对猪说:"傻了吧?哥会飞!"

(学生们哄堂大笑。)

师:(趁机问道)猪为什么要学乌鸦调戏空姐?

生:(纷纷回答)因为它觉得乌鸦很帅,很酷!

师:调戏空姐本身就是不对的,为什么它会觉得这是一件很酷的事情?

生:因为它一直有这贼心,却没这贼胆。乌鸦做了它不敢做的事情,所以觉得很酷!

师:为什么以前不敢做,现在反而又敢了?

生:因为乌鸦在飞机上带了头,它以为这样是可以的。

师:那为什么乌鸦敢带这个头呢?

生:因为乌鸦会飞,它有倚仗!

师:那猪犯的致命错误在哪里?

生:它在没有看清本质的情况下,盲目效仿乌鸦耍酷,却忽视了自己根本无法像乌鸦一样承担耍酷背后的风险。

师:(很满意)对了!同学们认识得非常深刻。既然如此,为什么还要让猪的悲剧在自己身上重演呢?

(学生们面面相觑,不知我所指为何。)

师:(提示)听说咱班有几位"大神",毫不费力就能学得很好?

(学生们恍然大悟,纷纷看向身边的"大神"。被大家围观的"大神"们很是尴尬,腼腆的笑容掩不住得意的眼神。)

师:(语重心长)刚才大家也说了,猪在没有看清本质的情况下盲目效仿乌鸦,结果酿成了自己的悲剧。可在现实生活里,我们有些人却盲目地羡慕"大神"们的潇洒,忽略了他们成绩好的倚仗。这难道不是不自觉地扮演了猪的角色吗?

(学生们有人点头称是,有人若有所思。)

师:(接着引导)倒也不是说我们不能向他们学习,重点是要学什么。是学"大神"们表面上表现出来的潇洒惬意,还是学他们本质上"会飞"

的倚仗呢？

生：（纷纷表态）肯定是学倚仗！

师：（笑）好啊！"大神"们来说说，你们究竟是怎么做到的？不要说什么"天赋"或"随便学学"之类的话来搪塞哦，大家可不是这么好糊弄的！

（"大神"们也不藏私，一个个现身说法，介绍自己的学习诀窍。比如，争取每一次都把任务做在老师的前面，才能在课堂上显得游刃有余；频繁滚动复习错题集，避免重复犯错，才能既跳出题海战术也能保证成绩；定期梳理知识体系，才能在接受新知识的时候迅速理解并积极响应；做题时高度专注，两耳不闻窗外事，才能比别人更快地完成任务，下课时自然可以痛快玩耍……学生们"唰唰唰"狂做笔记。大家这才明白，原来这些所谓的"大神"每个人都有自己的杀手锏，而自己只看到他们戏耍的表面而心生艳羡，却忽略了他们的绝招。真是太失策了！）

师：（进一步指出）看来大家都学到了不少方法。但我还想提醒大家：这些方法仍不能照搬，需要结合自身情况逐一调整。否则就陷入了另一次的"猪学乌鸦"了。

（学生们纷纷点头："嗯！""对！"）

师：此外，刚才分享学习诀窍的"大神"们，其实并不是真正意义上的"大神"。他们的成绩只是处于班级的上游，放在年级里面，也不过是中上游而已。为何年级翘楚不是他们？大家心知肚明，那些真正的尖子生不但掌握了他们所拥有的学习方法，而且会把多出的时间有效利用，从而变得优中更优。反观诸位，同样多出了时间和精力，却都浪费在了耍帅和接受同学们的崇拜上。这不是目光短浅是什么？不要忘了，虽然乌鸦可以飞，但它毕竟和猪一样被扔出了飞机，否则它原本可以飞得更快更远的！

（"大神"们心服口服。）

师：（总结）今天我们通过"乌鸦和猪"的故事，深刻理解了以下事实：

①凡有成者，必有所恃。有句话说得好："除非潮水退去，否则无从分辨谁在裸泳。"永远不要仅仅看到别人的风光，就盲目地跟风。你必须考虑到风光背后所承担的风险。

②人不可恃，有所恃，必败于此。善泅者溺，善骑者堕。"大神"们今天的成绩全倚仗他们的学习方法，而他们之所以久困于此，却恰恰是他们过度倚仗它们所致。希望大家再接再厉，凭借自己的才智和勤奋，成为真正的"大神"。

后记 >>

这次班会既纠正了风气，又教育了学生，还普及了方法，一举多得。学生们对比大为认同，目光也转移到自己的学习方法上来了。

（河南省济源第一中学　侯志强）

方法点拨 >>

关于学生盲目崇拜所谓的"大神"而导致的跟风效应，是万万拖不得的，一旦发现苗头，必须及时教育扭转。班主任们一般会采取如下方案：

版本一：各安天命型。"人要有自知之明，有些人就是天分高、基因好，不服不行；而咱们普通人没有那么高的智商，最好笨鸟先飞，用勤奋来弥补天分的差距，相信勤能补拙。"这种处理方法固然让盲从的学生无话可说，但同时也掩盖了他们学习态度或方法上的不足，无形中更抬高了"大神"们的地位，不利于双方的进步。

版本二：管中窥豹型。"同学们，你们只看到了他们悠闲潇洒的表面，却没注意到他们勤奋、专注的另一面，这种选择性失明最终将会使大家变得终日艳羡而不再热衷付出努力。"这种方法虽有道理，但学生听得多了，早就不痛不痒，效果不大。

版本三：树立模范型。"你们看看咱班×××，入班时成绩虽然很不理想，脑子也不是很聪明，但他每天勤勤恳恳、坚持不懈，成绩突飞猛进，这才是我们要学习的榜样。"这种方法虽被老师普遍认可和使用，但却容易把被表扬的同学置于一个尴尬的境地——从此只要稍微退步，就有可能被同学议论。

版本四：挫其锋芒型。表面上不动声色，但每每遇到特别难的题目的时候总是让那些"大神"解答，想方设法将其难住，令其在同学们面前丢些颜面。这样一来，既可以杀杀他们的锐气，也能破除他们在同学们之间"无所不能"的形象。

信息爆炸的时代，大道理貌似人人都懂，学生们早就耳茧如墙，无动于衷；你要讲个寓言吧，他们小时候都会背了，也难有成效。这就需要班主任们做一个有心人，有意识地积累一些有新意的素材，把要说的道理糅进去，学生就能听得进去。本课例的亮点就在于把盲目跟风这个现象糅到了"乌鸦和猪"的故事中去，让学生在耳目一新、开怀大笑的同时，进一步对其现象和本质进行情境思辨。同时，在处理这类问题的过程中，班主任必须亮明态度，对盲从者和错误示范者及时进行评价和引导。

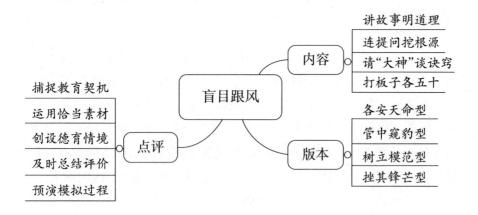

人际交往指导

敢于拒绝，快乐生活

背景 >>

月考后，周晓轩的英语成绩出奇的低。我一问他就红了脸："老师，程晨周末那天打电话约我去玩'密室逃脱'，我说不去，他就嘲笑我是'胆小鬼'，说我拿复习当幌子，肯定是害怕了！最后，我就……结果太惊险了，还出了一身汗，回到家就发烧了。"一句话，不懂得拒绝惹的祸！虽然一次考试失利不算什么，可是这孩子的心理很有代表性，不少同学不懂得拒绝，才会把作业借给别人抄，更有甚者被叫去为打架的同学壮声势。这对他们形成健康的人际关系、自主的学习品质都会有负面的影响。于是，上课前我给学生上了一堂微班会。

目标 >>

通过故事分享让学生明白"学会拒绝"的必要性。

准备 >>

准备一个与"拒绝"有关的典型故事。

过程 >>

师：有一次我到青岛旅游，你们的一个师兄正在中国海洋大学上大二，我打电话要他带我逛逛，他说要请我吃饭，我很痛快地答应了。

（有学生在偷笑，显然是在取笑我脸皮够厚。）

师：我挑了一家看着就不便宜的餐馆，他犹豫了一下还是跟我进去了。坐下后，我点了几个不便宜的海鲜。

生：（忍不住出声）这不好吧？

师：最后结账，我们俩吃了六百多块钱。你们师兄付钱时脸色很不好看。我故意说："这差不多等于你两周的生活费了吧？"他勉强地说："是的，老师。"

生：（心直口快）老师，你也太黑了吧！

师：我对他说："你用两周的生活费来招待我，很好——可太傻了！我知道你的感觉，我一直在等你说'不'，可你为什么不说呢？要知道，有些时候勇敢坚决地说出来才是最好的选择。另外，请原谅我让你难堪了，老师怎么能让你请我吃大餐呢！看看你的微信，老师已经给你转账了。老师谢谢你陪我'逛吃'！"

（这时有的学生鼓起掌来，有的陷入了沉思，其中就有周晓轩。）

师：同学们！当别人的邀约打乱了你们既定的日程，当别人的请求会严重影响你们的生活时，你们应该怎么办？

（大部分学生说应当拒绝。）

师：如果对方是你们的师长，或者是你们的老板，他们提出超出你们能力范围的要求，或者非常不合理的命令时，你们又该怎么办？

（仍有部分学生说"拒绝"，但底气明显不足，更多的学生选择了沉默。）

师：（严肃认真）同学们，面对这种情况，你们还是要明确地拒绝。原因是，即使勉强接受，最后还是会搞砸，那时不仅同样要承受责罚，还贻误了时机，可能给自己和团队带来更大的损失！

（学生静静地听着，若有所思。）

师：（总结）同学们，我希望从今天开始，你们认识到"拒绝"的价值，懂得说"不"的意义！我希望在未来的日子里，你们能够学会用"不"之智慧保护自己，用"不"之力量说服别人，用"不"之方法正确决策，用"不"之秘诀快乐生活！

（陕西师范大学附属中学　杨兵）

方法点拨

发挥失常的学生解释说无法拒绝朋友游玩邀请被吓病，你怎么看？笔者询问了身边的同事，他们的意见分为以下几类：

版本一：轻描淡写型。"如果成绩一直稳定，偶尔出个状况也能接受。这属于小概率事件，老师点到为止即可。毕竟经过这次教训，他以后肯定不会再犯同样的错误了。"这类老师性格比较平和，和学生关系也比较融洽。但时间一长，学生可能会认为这是一位"白甜"老师，从而开始"谎报军情"。

版本二：质疑实力型。"玩个'密室逃脱'就能吓病？真的假的？既然是发烧，为什么只有英语受到了影响？必须核实真相才能做下一步工作。再说了，就算是发了烧也不至于考这么低吧？需要向该学生指出：真正有实力的同学状态再差也会维持在一个较高的水准范围内，像他这种出点状况就大起大落的情况本身就是实力不足的表现。"这类老师嗅觉敏锐，是"判案"老手，三两下就堵死了学生的后路，但也容易把学生将死在那里，轻则心生不满，重则拧眉梗脖、出言反怼。

版本三：由表及里型。"这是不会拒绝惹的祸！我会好好跟他谈心，教给他以后如何委婉地拒绝别人，从而永久性地摆脱类似的窘境。"真是一眼看透了本质！由"学会拒绝"入手，不但避免了表面上发挥失常的问题，而且对症下药，解决了学生人际交往的障碍，对他的长远发展大有裨益。

版本四：以点带面型。杨兵老师就属于这一类，他不但看到了问题的根源，还以小见大，据此联想到由"不懂拒绝"而导致的其他问题。他认为此次事件的处理方式会极大地影响学生面对同类事件时的选择风格，故决定以此为契机，利用上课前的间隙给全班学生上一堂微班会。他深谙正面管教的要义，并无任何批评或说教，而是巧用素材，用一位以前的学生请自己吃饭却被自己"敲诈"的故事导入，不动声色地营造了一个德育情境，引起了学生的兴趣，激起了他们的共鸣，让他们不自觉地将情节移情到自己身上；等学生感同身受之后，他再点明主题并态度鲜明地阐明观点,立刻得到了他们的认同。

需要指出的是,心理学上有同辈压力的现象。同辈压力,是指你被同龄人强迫作出某种决定时感到的压力,无论这决定是对还是错。换句话说,你会因害怕被同伴排挤而放弃自我作出顺应别人的选择。根据发展心理学,中学生到了青春期之后,将会放弃将自己的父母和教师作为权威人物,转而重视自己能否在同龄人群体中找到共鸣、能否得到朋友们的认可。这时他们的"重要他人"可能不再是父母和教师,而是自己的铁哥们儿和好姐妹们儿。他们虽然害怕教师的批评,但更怕周围同学瞧不起自己。这就不难理解,案例中的周晓轩会如此在意同伴的看法,宁愿冒着考差挨批的风险、壮着胆子参加内心畏惧的游戏,也不愿在同伴心里留下"胆小"的印象。这种同辈之间对彼此施加的压力,日愈加剧。如果不加以扼制和引导,将非常不利于学生的身心发展和班风建设。反过来说,当孩子遇到价值判断的两难境地,往往就是成长的关键时刻。杨老师目光如炬,抓住契机,一矢中的;故事移情,由此及彼;和善坚定,鞭辟入里。受限于微班会的时间特点,杨老师只在本节课中亮明了态度,算是一个启蒙;后面还有三个环节,一个是关于"如何拒绝"的研讨,一个是关于"拒绝的勇气"的故事,一个是关于"如何说不"的阅读推荐。四个环节,四个层面,环环相扣,一气呵成,真乃大家手笔!

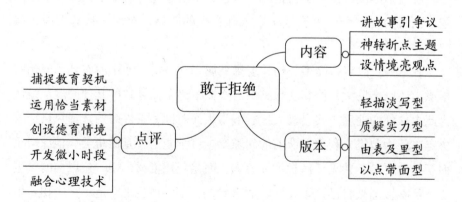

小情侣吵架引发的思考

背景 >>

　　周六早饭后,我从教学楼下匆匆走过,在经过一对小情侣身边时,他们吵架的声音飘进我的耳朵。小情侣手里拿着从食堂买来的饼夹菜,不过听他们吵架的语气,饭估计是吃不下了。这不正是活生生的高中谈恋爱对学习、对生活产生影响的例子吗?何不拿来教育一下我的学生?

目标 >>

　　让学生认识"早恋"的危害。

过程 >>

　　师:(看同学们都静下来了)同学们,我今天早上早饭后在咱们教学楼下匆匆而过的时候听到了一对小情侣吵架。

　　(同学们立即来了精神,都想听一听小情侣吵架的内容。)

　　男:我从开始到现在不是一句话都没讲吗?

　　女:你那脸上全都写着呢!

　　男:我……我真是无语……

　　女:你心里到底有没有我?……

　　(我绘声绘色地描述了男女吵架的内容,同学们哄堂大笑。)

　　师:其实他们说的是济源话(当地的方言),我说的是普通话,只是描述了他们吵架的内容,却没有他们吵架的神,要不咱们推荐两位同学表演一下这对小情侣的吵架的情形?

　　(在学生的欢呼声中王帅和王亚飞上台了,他们将情侣间吵架的那种气势、无奈、生气表达得淋漓尽致,教室内掌声雷动。)

　　师:首先感谢二位的精彩表演。都说艺术来源于生活,二位的表演精彩到位,看来生活经验丰富呀。

　　(同学们又是一阵大笑,还有同学接茬说:老师,就是,他们两个生活经验真丰富。有的说：老师，你真厉害，您是伯乐。两位同学在同学们的起哄声中有点不好意思，看来这两位还真是有故事的人。）

师：（提高声音）同学们，我注意到他们手里都拿着饼夹菜，但是只是拿着。我估计因为这场吵架，他们肯定没心思吃饭。我也估计因为这场吵架，他们进班后肯定没心思上早读，甚至整个上午上课都心不在焉的。

师：（语重心长）我经常给大家讲谈恋爱不是不对，而是在高中这么关键的时刻谈恋爱不合适。高中学习需要静、专、思、注（边说边将这四个字写在了黑板上），需要你坐得住冷板凳，静下来、专进去，这是一个向内的过程。而谈恋爱，需要你时刻关注对方的感受，注意对方的情绪。这是矛盾的，这就是谈恋爱影响学习的原因。看一看咱们班好几对小情侣，有几个成绩是进步的！

（我环视教室，看了看教室内几对谈恋爱的同学，他们都低着头，攥着笔，却写不出一个字来。）

师：现在我们进入了一轮复习，是提高能力应对高考的关键时期。如果以前谈了，我希望你们慢慢地给这段感情降温，然后冷藏在自己的心底，把它作为你们两个奋斗的一个动力。如果你以前没有谈过，那么告诫自己，从现在直到高考这段最关键的时期要与爱情绝缘。有想法想谈恋爱是正常的，这是这个时期男生女生正常的生理反应。有想法就付诸行动，在一轮复习大幕拉开即将进入高三的关键时期付诸行动，这不但是对自己的不负责任，更是对自己的爸妈、对另一半、对将来的家庭的不负责任。而责任是爱的根基。（学生们若有所思）

师：同学们，如果这个时期有人向你表白，我就会想：明知这会儿不能谈恋爱还去表白，是不是心理有问题？分不清轻重缓急，是不是脑子有问题？更重要的是缺乏责任感的人是不值得去爱的。

（整个教室内静悄悄的，与开始时的热闹形成强烈反差。我环视了教室，几个谈恋爱的同学抬起头来看看我，触及我的目光又迅速低下了头。）

（河南省济源第一中学　魏俊起）

方法点拨 >>

遇到学生"早恋",你怎么办?我们总结了一下,大致分为以下几种类型:

版本一:自主解决型。这类班主任认为这是人之常情,因此不支持也不反对,出了问题鼓励自己解决。

版本二:雷大雨小型。反复在班内明确表态,坚决反对"早恋",但真的摊上"早恋"的案例,他也只能让步,只求别耽误学生的学习。

版本三:棒打鸳鸯型。这个招数可就多了:强拆、离间、巧调同桌制造矛盾……每一个类别都有无数绝招和案例,只要能把学生拆开,就无所不用其极。

版本四:出谋划策型。这类班主任志愿充当学生的情感导师——涂磊式的人物,专门给学生化解情感矛盾。这事要做好了的确有助于学生恢复情绪,做不好反会惹了一身骚,里外不是人。

版本五:因势利导型。这类班主任平时关注学生动态,抓住机会就会对学生进行情感教育,以求对学生产生积极的影响。

魏老师就属于第五种类型。他利用转述偶遇的男女生吵架的内容,巧妙地创设了德育情境,又让学生亲自表演,加深了学生的情感体验。全程温和,但态度鲜明,是正面管教的典范。

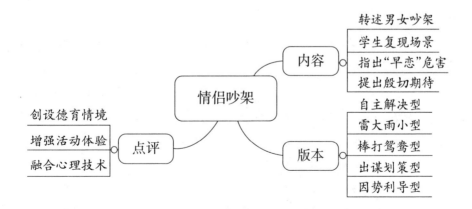

学生打碎玻璃之后

> 背景 >>

一天晚上7点,段老师早早来到学校。他刚走到校门口,就看见几个学生在打篮球。只听到"噼里啪啦"刺耳的响声,他马上猜到是学生打篮球把教室的玻璃打碎了。可是追到班里去查问,却发现学生相互包庇,不愿说出真相来。

> 目标 >>

让犯错误的孩子获得心理体验,培养学生诚实正直的品质。

> 准备 >>

这件事情发生后的20多天,对打碎玻璃的事情只字不提。经过深思熟虑,段老师在办公室里"化妆",给自己的脸上抹上灰,走进教室开班会。

> 过程 >>

(看到班主任脸上有灰,班里顿时像炸开了锅。)

师:(佯装不知)同学们,你们笑什么?老师要去参加紧急班主任会,你们先自习一会儿。

(学生急忙提醒我脸上有灰。我把脸擦干净后,走了出去。一段时间后,我回到了教室。)

师:老师脸上有灰,你们指出来后,我擦干净了,才避免了在班主任会上出洋相。所以,我要真诚地感谢你们。我们师生是好朋友,你们就像我的一面镜子。由此,我想到了一个问题:什么是真正的好朋友呢?

生:好朋友就是要互相帮助。

生:好朋友就是要分担痛苦。

生:好朋友,就是有困难时给你帮助,有疑难为你解答,有悲伤替你分担的人;你可以跟TA说心里话,但不必担心走漏秘密的人。

师：说得真好！那如果你的朋友有了缺点，你怎么办？或者如果你的朋友为你指出缺点，你应该怎么办？

（通过讨论，学生们终于懂得了：能为对方指出缺点和错误，才是真正的好朋友。当朋友为自己指出缺点和错误时，要虚心接受，并表示感谢。我又引导学生就班级里最近发生的一些事情为朋友指出缺点，收效显著。）

（摘编自段惠民所著《就这样走出乡村》）

方法点拨 >>

学生犯了错误相互包庇，恐怕是班主任常见却又纠结的管理难题了。同伴包庇现象绝非校园独有，而是社会现象——就算是已经工作的人，愿不愿意做"出卖"同事的"叛徒"呢？相信只要对方不太过分，一般都会帮忙遮掩吧？推己及人，老师应该特别理解孩子们。可反过来说，肇事学生毕竟犯了错误理应承担责任，而且为了同伴之谊而选择隐瞒真相，本质上属于是非观和价值观的问题，班主任就不得不出面调整了。如何处理？

版本一：迁怒连坐型。首先是询问谁干的，学生不说就大发雷霆，在班里骂街一般无的放矢地训斥。最后一声令下："再给一次机会，一人做事一人当，不要连累其他同学。否则全体受罚！"若仍无人"招供"，就惩罚全班，轻者罚完了事，重者罚到有人招供为止。不得不说，这样绝对能给学生造成足够的震慑，但也相当于为了个别人而树敌全班，与原来的教育目标背道而驰。

版本二：逐个击破型。既然全班问不出来，干脆私下个别谈话，甚至启动所谓的"线人"，从侧面确认肇事学生，然后一举拿下，批评教育。这样也能解决问题，但班里难免猜测谁是"叛徒"，轻则引起学生之间互相猜忌，关系紧张，有伤班级凝聚力；重则"线人"招致报复，受到排挤甚至暴力对待，得不偿失。

版本三：引导"自首"型。对学生晓之以理、动之以情、胁之以威、诱之以退。以"承担"之名让学生主动"投案自首"。这个方法要取决于班级风气和班主任的威望，若班风正，班主任威望隆，则学生"自首"的概率大；否则就会被学生看笑话，班主任在恼怒之下很有可能回到版本一的路数上去。

版本四：迂回教育型。心理学上有个"认知不协调理论"，说的是先改变一个人的行为，随后他就会自己去改变态度。段老师深谙学生心理，20多天里对此事绝口不提，当学生以为此事已经过去之时，他巧妙地创设了一个德育情境——在自己脸上抹灰——让学生主动提醒班主任的"缺点"，让学生在情感上体验了一把"向朋友指出缺点"的感觉。学生进入德育情境之后，剩下的事就顺理成章了。段老师花费很长时间，每做一件事都朝自己的教育目的更近一步，帮助孩子们提高认识层次，引导犯错误的孩子主动承认错误。这样的事件，对于孩子们来说，也是一种润物细无声的道德教育。当孩子们守纪律了，在不能干什么的地方不干什么，那么，到了社会上，孩子们也会成为遵纪守法的好公民。

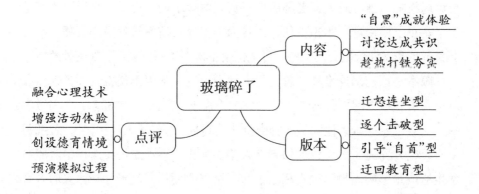

绕着教学楼跑三圈

背景 >>

走进教室，柳丽一直趴在桌子上哭。问其理由，她说出了实情。原来这个孩子成绩一直不错，但非常较真。竞赛考试考得不理想，自己心里本来就非常郁闷，班上还有人嘲笑她，就一时想不开：怎么那么简单的题自己会错呢？如果是难题错了，自己不会自责，可是其他人都能做对的题，自己却错了，而且就因为这一点疏忽与一等奖失之交臂。听到这里，我笑了。看到大家也都欠起身子，想探个究竟，我决定就这个问题和大家聊一聊。

目标 >>

劝慰柳丽，并教育学生学会直面失误。

过程 >>

师：（询问学生）胜败乃兵家常事。何况，这个世界上没有常胜将军。对不对？

生：（异口同声）对！

师：下面，我给大家讲个故事。

古西藏曾有个叫爱地巴的人，每次和人一生气，他就绕着自己的房子和土地跑三圈，后来，房子越来越大，土地也越来越广，但生气时，他仍会绕着房地跑三圈。

日子一天天过去，他已经很老了，走路拄着拐杖，但一生气，还是绕着房地转三圈。有一天，太阳下山了，他拄着拐杖绕房地转，他孙子担心他有闪失就紧随其后。孙子问："爷爷，您生气了怎么总是绕着房子和土地转，这里面有秘密吗？"

爱地巴道出原委："年轻时，我一和人吵架生气，就绕着房子和土地跑三圈，边跑边想，我的房子这么小，土地这么少，我哪有时间和精力跟人家生气？一想到这里，气就消了，我就集中精力来学习和做事。"

孙子又问："爷爷，您老了，成富翁了，为什么还要绕着房子和土地跑呢？"爱地巴笑着说："我现在生气绕三圈时，边走边想，我的房子这么大，土地这么多，我又何必跟人计较？一想到这，气就消了，气消了，身体就好了。"

（学生们听得入迷，不由自主地点头认同。）

师：故事中的爱地巴老爷爷的话我非常欣赏，"我的房子这么小，土地这么少，我哪有时间和精力跟人家生气？"我常常问自己：我为什么要生气呢？我的实力不够，现在最要紧的不是去努力、去拼搏，而是去生气吗？可是生气又有什么用呢？所以，现在的我尽量少生气。再说生气对身体多不好啊！对不对？

生：是的！生气容易变老。

生：生气不能解决问题。

生：生气是跟自己过不去。

生：我们总是不够冷静。

生：嗯。我们不够理性。

……

师：大家的话都很有道理。所以，先说一句：柳丽，生气可是大可不必哟！

任何偶然性必有其必然性。你考试中出现的问题，也许是偶然的，但是也或多或少地说明你的学习中存在短板。既然存在问题，出了问题，我们只能面对问题，解决问题。

记得我的一个老师曾经说过这么一句话：如果你想活出你自己，不必要把别人的态度当作阻挡你的借口。别人的眼光也微不足道，外在的因素不足以左右我们。如果说我们的实力有问题，我们还有什么时间、什么资格去生气呢？

能够面对自己，是一种勇气；能够让自己冷静地面对问题，是一种智慧。在问题面前，只有我们学会面对自己、战胜自己，我们才能收获丰腴的人生。

（听完我的话，柳丽抬起了头。我看得出她目光中充满了坚毅。）

师：以后再生气了怎么办？

丽：（笑着小声说）绕着教学楼跑三圈！

（湖北省天门市石家河镇段场村段场小学　李艳妮）

> 方法点拨 >>

这是一个典型的偶发性事件。走进教室，发现一个女生趴在座位上哭，班主任不免要过去询问一下情况，得知原因后，班主任们可能会采取以下方案：

版本一：漠然无视型。要么就是不太在意，直接上课；要么就认为这是学生自己的事情，应该自己解决，所以故意不予理会。学生自己解决也未尝不可，但不加以引导会有矛盾升级的隐患。

版本二：慈母安慰型。好言安慰："没事，老师相信这不是你真实的水平，咱们继续加油，下次考个好成绩给他们看看！"这也是一个解决方案，优点是在情感上很好地支持了学生，缺点是并没有指出不足，以后难免还犯。

版本三：严父训诫型。当面或私下叫出去批评："虽然老师同情你的遭遇，但你哭是没用的，应该理性分析自己的不足，找到发挥失常的原因；别人一笑你就哭，心胸太狭窄了。有眼泪、没成绩就是不对！"这个方案一针见血地指出了学生的问题，但说话过于直接，极容易伤害学生的感情，学生因此不一定能听得进班主任的意见。

版本四：导师引导型。也就是李老师采取的方案，没有无底线的安慰，也没有粗暴的批评（心理技术之非暴力沟通），而是娓娓道来讲了一个"不生气"的精彩故事（运用恰当素材），让学生通过这个故事产生移情，联想到自己的遭遇，从而悟出"直面失误、战胜自己"的道理（增强活动体验）。

会讲故事的人是有魅力的，李老师一定是一个深受学生喜欢的老师；班主任们应该学习李老师，做一个会讲故事的班主任。

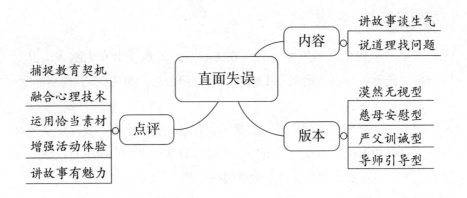

练习礼貌

> 背景 >>

我班的孩子看到校长、主任在前面，会假装没看到；看到老师走过来，会选择转头；看到老师走进教室，不发一语继续做自己的事。我班的孩子有点儿冷漠。

> 目标 >>

教导孩子们如何正确地表达自己的礼貌。

> 过程 >>

师：有礼节的孩子，是老师们的最爱，因为那会让老师觉得"这么认真教你们是值得的！"有时候，老师走过别的班，看到他们都会向老师敬礼，而且还是九十度大鞠躬喔！我会觉得这个班级好有气质、好有教养喔！可是回到我们班上，却发现我自己的学生，每次看到我，都装作不认识似的逃走，老师好伤心……所以今天我们要来练习如何敬礼！

（我让全班孩子退到长长走廊的另一边，安静无声，等着老师发号施令。）

师：一个接着一个过来吧。

（于是班上的孩子按照座号，一个一个向我走来。）

师：眼神要充满朝气，头不可低下，步伐要坚定，并且对着老师微笑。在距离老师三到四公尺远时，就要弯腰敬礼，行个九十度的鞠躬大礼，大声地向老师问好："老师好！"

（孩子们鱼贯般走过来，向我敬礼。凡是走路嬉皮笑脸、问好太小声、眼睛看地上、眼神闪烁、没有注视着老师、间隔距离太近或太远、行礼姿势不标准、敬完礼偷偷摸摸地逃走、表情紧张、不够大方的，都会被我退回，回到队伍里头去，再重新来一遍。几乎有三分之二的孩子，被我叫回去重走一遍。每叫回一个孩子，后面同学就哄堂大笑一次，整个走廊都是他们的欢笑声。很显然，他们把这练习当成了某种趣味竞赛了。就这么来回地练习了三次，每个孩子都能很大方朝我走来，动作逐渐显得自然且庄重，脸上带着微笑，并能从容不迫地朝着老师大声地喊"老师好！"）

（摘编自苏明进所著《希望教室》）

方法点拨 >>

学生见面不打招呼，是老师最难堪也最伤心的场景之一。面对学生不懂礼貌，班主任经常这么做：

版本一：消极批评型。"你看人家某某班，见到老师又是鞠躬又是问好；再看你们，见到老师、同学眼皮都不抬一下，真是没礼貌！小时候在家爹妈就是这样教育的吗？"这样做学生下次可能会向你问好，可又有哪个学生发自真心？

版本二：积极引导型。"老师大老远看见你，却见你脸一偏，转过去了。老师心里该多尴尬、多难受啊！你们看别班的孩子那么懂礼貌，你们也跟人家学学。"只要表达到位，学生们都能听得进。但也就持续一两周，就又昨日重现了。究其原因，是学生在心态上并未作好准备，也没有练习过类似的技能，打招呼时仍感到尴尬。

版本三：知行合一型。苏老师就是这种类型，他并没有批评学生，而是融合了"非暴力沟通"等心理技术，对学生明确表达了内心的感受，同时提出了期待。在此基础上，苏老师又让学生进行了一番演练，在练习过程中提出标准,反复校正,把练习变成了"趣味竞赛",让学生在体验中纠正了体态、摆正了心态。

此外,孩子见到老师不打招呼,在其他班学生的对比下才引起老班的重视,其实已经错失了教育的先机。如果苏老师能在建班之初就对学生普及此类知识,变礼貌"救火"为德育预设,这种事情就会提前消弭于无形。在倡导学生给老师问好的同时,老师自身也要做好榜样,见到学生也要亲切和善,和学生形成良好的互动。

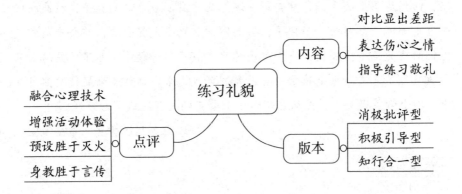

心理健康辅导

学习小猫钓鱼

背景 >>

2018年6月6日，第二天就要高考了。嘱咐完所有该嘱咐的注意事项之后，我仍觉得心里没有着落。考虑到15班有几个孩子性格浮躁，极易在大考期间起波澜，而其中已经有个别学生出现考前焦虑的迹象，在晚饭后我给学生上了一堂"预谋已久"的班会课。

目标 >>

通过钓鱼游戏缓解考前焦虑、领悟应试诀窍。

准备 >>

两个"小猫钓鱼"玩具、计时工具、简单的课件。

过程 >>

师：明天就要高考了，为了让同学们稳定发挥，老师特意从我家小猴子（我儿子的昵称）那里拿来了两个"小猫钓鱼"玩具，借你们玩两天。

（说着，我从手袋中拿出了两个准备好的"小猫钓鱼"玩具。学生有些激动，女生多两眼放光，个别男生则大喊："哦，我玩过这个。"）

师：我可以负责任地说，这个玩具并不像你想象的那么简单；而且玩过这个游戏，老师保证你明天能够稳定发挥。哪位同学愿意来试一下？

（学生们纷纷举手："老师！我，我！"我故意挑选了已经出现焦虑迹象的宁和逢考差必请假回家的云，并向大家解释游戏规则。）

师：玩具分为上下两层，上层的小鱼可以用鱼钩上的磁铁吸上来；下层的大鱼则需要你把鱼钩放进鱼嘴并钓上来。第一轮先让你们试试手，每人一个鱼盘，钓完为止。

（两位学生迅速玩了起来，其他学生也都兴致勃勃地围观。我安排了专门的学生为他们计时。他们很快发现：小鱼非常好钓，用鱼钩一吸就能吸上来；大鱼很难，16条大鱼争相浮出并张嘴，看得人眼花缭乱，更不要说钓上来了。等我把时间公布出来后，学生傻眼了：一轮下来，动作比较快的云用了5分多钟，而宁钓到一半干脆直接弃权了，怎么劝都不肯再试。我只好重新从众多想要参与的学生里又挑出来一位——平时非常勤奋但关键时刻容易心慌的喆。）

师：第二轮规则不变，但我会给你们10秒左右先练一下，注意寻找规律。

（两位学生立刻行动起来，喆抓住鱼竿就试——练手感；云则边试边观察——找规律。第二轮再试，云更快了，这次用了3分49秒；喆则手忙脚乱，没有完成。）

师：两位给大家谈谈心得吧。

喆：我心太慌了，钓大鱼的时候鱼钩能伸进鱼的嘴里，可就是钓不上来。

云：我发现大鱼们张嘴的地方是固定的：转盘的底座是几个固定的斜坡，大鱼们每次被带到斜坡的顶部时，它们就会浮出"水面"，嘴巴张开。所以我只需要在固定的几个点等着鱼来咬钩就行了。

（围观的学生也有人看出了门道，纷纷认同。）

云：而且大鱼的下唇没有牙齿，上唇有，所以要让鱼钩彻底卡在大鱼的上齿缝里再提上来，手不能抖。

师：（赞许地点头）你的观察能力很强，向大家演示了"审题"的重要性；另外，不知道大家有没有注意到，云的时间比上一次快了好多，说明即使是短时间的练习也是有用的。临阵磨枪，不快也光嘛！

（学生们表示认同。我转向喆，诱惑式地微笑："要不要再试一次？"喆坚定地点头说："我想试。"）

师：第三轮的规则要难了：每位同学一个鱼盘进行比赛，先把大鱼和小鱼全部钓出的同学获胜。为了增加比赛的刺激性，获胜的同学有奖品。奖品是——在明后两天的高考中能够超常发挥！

（学生大哗，喆抿了抿嘴唇，明显有些紧张；云则面无表情，云淡风轻。比赛开始，云心无旁骛，节节胜利；喆则一边钓鱼，一边抬头看云的进度，眼看着自己落后了，手都在颤抖，钓得更慢了。云毫无悬念地胜出，用时3分27秒；喆还剩了4条大鱼，但他坚持钓完才松了一口气。）

师：两位谈谈心得吧。

喆：慌了慌了！手都抖了！

师：（故意问他）你上一轮已经发现心慌会影响发挥了，怎么还慌？

喆：这轮不一样！我太想超常发挥了！

师：我还发现你在比赛过程中有四五次分心去看云的进度。你当时的心态是什么样的？

喆：（懊丧）我特别想赢！结果一看她进度比我快，心就更慌了！

师：（看向云）你呢？

云：我全程都没有看他一眼。我甚至都没有想超常发挥，心里只想着把这一盘鱼钓好。

（全班学生为她鼓掌。）

师：因为太想赢导致手不受控制地颤抖，反而影响正常发挥，这在心理学上叫作"目的颤抖"，属于正常现象。要想克服它也特别简单。

（学生都非常急切地听着。）

师：大家可以从一个故事当中受到启发。

曾经有个人是小镇上最早开肉摊的，多年经营，练就一手过硬的切肉本领。不管你要买多少，他一刀下去，保准丝毫不差。因此，他有了"神一刀"的美名，他的肉摊也声名远扬，生意自然红火。有一天，一个不服气的包工头来了，把3000元钱扔到桌子上，说他买的肉其中3.3斤带骨，

6.6斤全瘦，9.9斤肥瘦都要，如果"神一刀"能够做到一两不差切好肉就把钱全部给他。

师：你们说，结果会如何？

（学生纷纷回答："没切成，切坏了，因为'目的颤抖'！"）

师：（摇摇头）有人在一旁鼓动"神一刀"快点切，他却转过身，一遍又一遍地磨刀，似乎在想些什么。过了好久，他抬头瞅瞅包工头说："这三份肉我给你切了，你按斤两付钱，额外的我一分不收。"只见他说话间手起刀落，三份肉很快就切好了，上秤一称，果真份份丝毫不差，围观的人赞不绝口。有人问他：一头猪也卖不上3000元，你咋不收下那3000元呢？他憨厚地笑了："见钱眼开，心里就会长草，长草就会心慌，心慌就会手抖。如果我心里想着那3000元，十有八九会下刀没了准，那就不仅丢了手艺，还叫人家笑话。"

（学生们静静地听着，出神地想着。）

师：（语重心长）同学们，有句话说得好："大体则有，具体则无。"我们应该有人生的理想，有生活的目标，有行动的目的。但是，如果太过看重，目标就会变成我们心灵的重负，羁绊我们的手脚。因此，越到了关键场合，我们就越要把羁绊心灵的"目的"扔得远远的，让自己得意淡然，失意坦然。如此心境，哪里还有什么"目的颤抖"？如此人生，岂能不多那么一筹胜算？

（学生们纷纷鼓掌认同。）

师：（坏笑）看来大家都悟到了。那我们进行第四轮：人员不变，每条小鱼2分，共10条；每条大鱼5分，共16条；每个鱼盘是100分。限时3分钟完成，最后分高的人获胜。获胜者能够考上自己理想的大学！

（学生们又哇哇尖叫起来。）

师：两位可以调整一下，调整好了再开始。

（喆赶紧深呼吸，努力调整，云则稍微调整了一下就恢复了。比赛开始，两位同学的速度明显更快了。3分钟很快过去了，喆还剩下6条大鱼，得了70分；云则只剩2条大鱼，得了90分。两位同学都进步神速，学生们掌声如雷。）

师：谈谈感受。

喆：技术不好。这次心态没有太大问题，就是技术不好。

师：我看你整体环节的把控都很到位，但就是在钓大鱼提竿的一瞬间犹豫不决，导致屡屡脱钩。明显仍有些得失心过重，还是需要再果决一些。

云：老师我根本就没听你的规则——没想哪道题是几分、限时多长时间，我只想着全力以赴把鱼钓完。

师：本来这一轮的目的是要提醒大家注意做题策略的——要结合实际情况合理分配做题顺序；但云的做法对我们的启发更大——紧要关头什么策略都是次要的，做好眼下的任务就是最佳的策略。让我们再次感谢两位给我们带来的感悟！

（全班鼓掌。）

师：（总结）同学们，明天就要上考场了。从这个游戏中我们可以看出：适当的求胜心是正常的，但过度的求胜心则反而会导致"目的颤抖"，影响我们的发挥。因此，我们在高考中的心态应该是不求最好，但求正常发挥；考前不要浪费时间，因为临阵磨枪，不快也光；应试时不要忘记审题，方向对了，努力才有价值；记得预设一下答题策略，考题无法预测，但应对策略可以。最后，我们家小猴子想要给大家说两句话。

（我把提前录好的视频在多媒体上放出来，两岁大的小猴子在妗妗的引导下说道："祝哥哥姐姐们明天都能鸿运当头，旗开得胜，取得佳绩。哥哥姐姐们，高考加油！"咿呀儿语瞬间把学生们萌翻了，大家不约而同鼓起掌来。）

师：最后的最后，祝大家今晚睡个好觉！明天稳定发挥！

（学生们鼓掌，久久不歇。）

（河南省济源第一中学　侯志强）

方法点拨 >>

高考前一天晚上是学生最焦虑的阶段——心慌意乱，辗转难眠。这种大战前的微兴奋再正常不过，但心中有事的学生可不这么想，他们担心影响接下来的考试，因而变得更加焦虑。为了帮助学生们化解考前焦虑，班主任们可真是殚精竭虑，各显神通：

版本一：心理辅导型。"睡不着觉？正常正常，不影响。你见过打麻将的人吧？兴奋起来打个三天三夜都精神抖擞，这是人的体能极限被激发的结果。担心考不好？正常正常，有担心说明有追求，有追求是超常发挥的基本条件。"总之，学生找你就是求个心理安慰，你就提供安慰就行了，挺好。

版本二：旁门左道型。"老班我上一届高考前做梦，有个先生给我算卦说高考大吉，结果果然如此；没想到昨天晚上又梦到他了，说我今年比去年更好。"学生信不信是一回事，你在考前一说，学生为了图个心理安慰，都愿意配合。

版本三：吉祥寓意型。物品类：考前给学生发个印字手环、微笑徽章等；服装类：老师穿上有寓意的服装，红色代表喜庆、绿色代表通顺、黄色代表辉煌、旗袍代表"旗开得胜"等；零食类：西瓜代表"顶呱呱"、棒棒糖代表"棒棒哒"，考数学前发个薄荷糖"头脑清醒"、考理综前发个巧克力"保持脑力"，等等。考前图个乐，吉祥又如意。

版本四：用心陪伴型。班主任此时是学生的主心骨，如果可以，一定要全程陪伴。无论学生有天大的事，只要班主任淡定地微笑着说"没事没事，不慌不慌"，学生往往能很快平复下来。可以说，用心陪伴是最普通，但却最有效的安抚方式。

本课最大的特点就是寓教于乐。在预判到学生考前焦虑之后，提前精心准备，在高考前夕和学生们玩了一场游戏，分别对应了学生考场上应该注意的四个要点：准备、审题、心态、策略。必须指出，前面几个版本虽然有效，但毕竟是以老师为主；而"小猫钓鱼"游戏则是学生直接上手体验，心理感受要深刻得多。另外，在调整心态的环节中，本课融入了较多的心理技术，如对目标极度渴望的"目的颤抖"、害怕出错的"损失厌恶"、被同学围观的"同辈压力"等都不着痕迹地融入其中。游戏过后，两位同学的心理状态都空前稳定，围观的学生也情绪颇佳，两天的考试间隙不断有学生围着鱼盘玩上两局，取得了较好的效果。

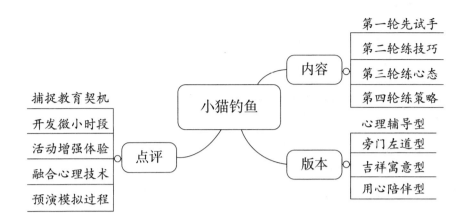

考前定军心

背景 >>

高考前 30 天,尽管已经打过"预防针",班里仍明显充斥着焦虑情绪。尤其是成绩处于中间的学生,在希望与失望之间挣扎日久,眼看高考近在眼前,却如钝刀割肉一般蜗行,实在难熬。不少学生觉得努力复习毫无进展,不能坐以待毙,于是开始蠢蠢欲动,剑走偏锋,什么走读、自学、补课、要求到教室外面学习等等,怪招迭出。再不正风气,班里就要乱套了。

目标 >>

稳定学生的躁动情绪。

过程 >>

(英语课上,离下课还有 5 分钟的时候,我在黑板上画了幅百米冲刺的简笔画:人、跑道、终点线。然后敲黑板示意学生看过来。)

师:同学们,从高考百日誓师大会到现在已经过了 70 天,距高考还有整整30天。大家有没有觉得，高考100天冲刺跟我们体育比赛中的百米冲刺很像啊？

生：（纷纷点头）嗯！像！

师：如果大家都认为很像，那么你在跑了70米，离终点还有30米的时候，会想些什么呢？

生：（有些发懵，面面相觑）想什么？什么都不想呀！

师：（紧接着发问）你会不会想，跑赢了我该怎么庆祝，或者跑输了我就没脸见老爸老妈了？

生：（笑）不会！

师：你会不会转过身来，回顾一下这一路跑来的艰苦历程？

生：（大笑）不会！这也太傻了！

师：你会不会想，这鞋有点硌脚，等我回家换双鞋回来接着跑？

生：（爆笑）不会！哪有那么多事，忍一忍，快点往前冲！

师：你会不会想，我应该左脚先跨过终点线呢，还是右脚先跨过去？

生：（边笑边催促）哎呀！快点往前冲吧！等想完黄花菜都凉了！

师：（趁热打铁）是啊！既然大家都明白，还想那么多干什么？

（学生都会心地笑着，明显很受用。）

师：俗话说，"开弓没有回头箭"。现在箭已离弦，绝无退路。瞻前顾后都没用，临时换鞋换道换方法也都来不及了——选择越多，犹豫越大。紧要关头，哪里还顾得上那么多想法，只管咬紧牙关往前冲就是了。

（学生们频频点头，都觉得有道理。）

师：我知道有些同学觉得时日无多了，有些着急。30天相比三年来说，的确不值一提，但30天若放到我们平时的月考之后呢？要知道，你离下次月考还有整整一个月呀！如果一个月都不起一点作用，那我们高中三年的月考岂不都变成了笑话？

（学生们纷纷认同，不少学生似有所悟。）

师：（总结）同学们，一个月的时间可以很短，短到像跑道上最后的30米，走个神就能过去；一个月的时间也可以很长，长到足以让我们用准备下一次月考的心态重新出发。最后30天，请大家稳住心神、破釜沉舟，朝着你们朝思暮想的大学之门——冲刺吧！下课！

（河南省济源第一中学　侯志强）

> 方法点拨 >>

学生在大考前自乱阵脚，班主任要如何应对呢？

版本一：择机谈话型。寻找契机跟学生谈话，可单独谈，也可集体谈。只要有新意、有深度，学生一般都能听得进；反之，有可能适得其反。

版本二：纸条鼓励型。给学生写小纸条，少则三四行，多则半页纸，诚恳评价、殷切期待。学生收到纸条会受到较大触动，且对纸条备加珍惜。

版本三：当头棒喝型。有些学生明明知道自己状态不对，可就是管不住自己，这就需要班主任对其毫不客气地严厉批评，说到TA痛哭流涕为止。一般而言，哭出来了，心也就静下来了。但操作难度较大，搞不好学生恨上你了，处处唱反调，那就是帮倒忙了。因此不建议新手班主任使用。

版本四：用心陪伴型。和上文一样，陪伴是万能良药。不同的是，离大考还有一段时间的时候，除了班主任的陪伴之外，浮躁严重的还可以请家长来陪读，效果也非常不错。

本课属于择机谈话的类型。在了解到学生的浮躁情绪后，在离下课5分钟时与学生进行了一次集体谈话，借用百米赛跑来类比百日冲刺，让学生在貌似荒诞的问答中揣摩冲刺前应该具备的正确心态，全程以引导和启发为主，引起了学生强烈的共鸣，起到了稳定军心的作用。

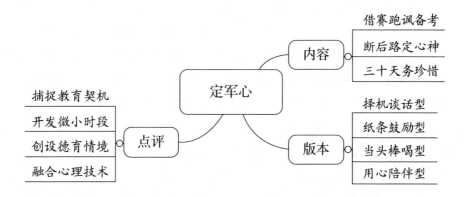

你就是黑马，你就是传奇

背景 >>

高二文理分班，我接手一个文科重点班，这届重点班的第一名成绩与上届文科重点班的第15名相当，其实就是个准重点班，学生对考名校不抱希望，但学校对重点班有要求。班级组建不久，我想设法激励学生。

目标 >>

强化学生"人的潜力有无限可能"的信念，增强学生拼搏必胜的信心。

准备 >>

早晨，与往常一样，我在前面小黑板上写了一句给学生的寄语：你就是黑马，你就是传奇。

过程 >>

（早饭后，学生陆续到齐。）

师：同学们请往前看，今天我给大写了一句寄语，请大家齐读一下。

生：（齐读）你就是黑马，你就是传奇。

师：（开玩笑）你们的意思是说我这个班主任是黑马，是传奇喽！

（学生笑。）

师：事实的确如此。可能是上天考验我，我带的历届重点班生源都不是太好。也可能是我幸运，我带的班曾出现过两匹黑马：一个是2011届某某同学分科时年级第200多名进班，高考时裸分考进河南省前42名，被北京大学录取，这就是传奇；另一个是2012届某某同学进班时年级排名第76，高考时以河南省文科第8名的成绩被北大录取，又一匹黑马创造了传奇——要知道河南的文科高考生那两届都在30万人左右！

（学生眼中充满了向往。）

师：与普通班相比，我们都是好学生；可跟以往两届比，我们却要薄弱许多，看来大家对我寄予厚望，希望我创造下一个传奇！

（学生笑。）

师：黑马的出现不能光靠老师的运气，更要靠大家自己的努力。请把这句话齐声读给自己。

生：我就是黑马，我就是传奇！

师：非常好！大家转身往后看，我还给咱们班的老师们写了一个条幅，请大家也把这句话读给自己。

生：无限相信学生的潜力！

师：（总结）只要我们师生团结一心，无限相信彼此的潜力，再加上我们有多年总结的行之有效的高考备考模式，只要拼到极限，我们就是黑马，我们就是传奇。我希望下次周记本上能有人前来认领"黑马"这个伟大的代号。

（周记本收上来后，发现有六名同学认领了"黑马"，表达了必胜的信心。面对令人沮丧的情况，主帅不能怯阵，明知不可为而为之，就算达不到目标，也会无限向目标靠近。）

（河南省济源第一中学　秦望）

方法点拨 >>

班级的生源差，恐怕是最让班主任和老师们感到沮丧的事了，没有之一。遇到这种情况，老班们会怎样激励学生们呢？

版本一：宣布事实型。"孩子们，虽然咱们是重点班，可是咱们这一届生源不如往届，处境堪忧啊！不信我们来看数据：数据一，……；数据二，……；数据三，……。不过大家不用担心，相信只要努力，我们一定会创造奇迹！"这恐怕是班主任们最不应该采取的方案了。道理很简单：大家都是重点班，文科就是我拔尖，老师不告诉他们，他们是不会意识到自己差的；只要重点班的优越感还在，他们总要想办法取得和往届学长们一样优异的成绩的，否则就是自己不够努力。若班主任主动告诉他们，情况就完全不同了：首先打击了他们的士气，让他们自觉不够优秀；其次打击了他们的志气，因为他们有了考不好的理由。所以说，宣布事实是一步臭棋。

版本二：润物无声型。隐瞒真相，表达期待。"孩子们，你们是从各班精选出来的文科精英，恭喜你们成为重点班的一员！在你们之前，每一届的学长们都通过卓绝的努力取得了骄人的成绩。经过数据对比，你们是历届来实力最强的一届学生，相信你们通过努力一定能够取得更好的成绩，重新定义什么叫'辉煌'！"

1960年，哈佛大学的心理学家罗森塔尔博士曾在加州一所学校做过一个著名的实验：他随意从每班抽3名学生共18人写在一张表格上，交给校长，极为认真地说"这18名学生经过科学测定全都是智商型人才"。事过半年，罗森又来到该校，发现这18名学生的确超过一般，长进很大，再后来这18人全都在不同的岗位上干出了非凡的成绩。这就是著名的"罗森塔尔实验"，又叫"期待效应"（或"皮格马利翁效应"）。与版本一相比，这绝对是润物细无声的高级版本。

版本三：事后补救型。老师之间没有形成共识，班主任只好全力补救。背景交代学生对考名校不抱希望，说明学生已经知道自己实力不如往届，已经失了教育的先机，只好补救：利用早饭后这样的微小时段，在小黑板上写上寄语——你就是黑马，你就是传奇（运用恰当素材）。既然学生不如往届，那就从自己身上做文章，把自己打造成一个"传奇"，形成一个场——传奇老班必定能带出传奇学生（创设德育情境）。然后用幽默的语言巧妙化解学生的心结（非暴力沟通），用心理技术温和地表达期待（期待效应），成功地激发了学生的斗志（六名同学认领"黑马"称号）。

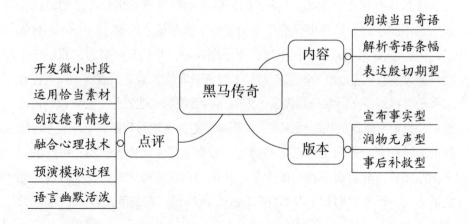

踩掉烦恼

> **背景** >>

考试前夕，我看到几个学生在教室里嘻嘻哈哈地追几个气球，追到了就狠狠地踩下去。"砰"的一声，气球爆炸了，几个调皮的学生哈哈大笑。我制止了他们，问他们笑什么，他们说踩烦恼。原来他们把自己痛恨的东西，如压力、烦恼、不及格等，写在了几个气球上，然后狠狠踩下去。踩破了，心情就特别轻松。我又问他们："你们高兴吗？"他们笑呵呵地说："当然。"我灵机一动，干脆在班里也举行一个"踩烦恼"的主题班会得了。

> **目标** >>

让学生发泄一下内心的烦恼。

> **准备** >>

给每位学生准备一个气球和一根毛线。

> **过程** >>

师：同学们，马上要考试了，你们紧张吗？

生：（异口同声）紧张！

师：有多紧张？

（学生们众说纷纭，有说"非常紧张"的，有说"有点紧张"的，有说"压力山大"的，莫衷一是。）

师：我们形象一点，把你们的压力和紧张吹到气球里，压力有多大，气球就吹多大。要实事求是哦！

（学生们兴致勃勃地吹着气球，边吹边观望其他同学的情况。）

师：好了吗？用毛线把气球扎起来。请和周围的同学比一比，谈一谈你们的感想。

（学生们互相比较着彼此的气球，一阵意外之声。）

生：我原以为自己的压力就够大了，没想到和周围同学一比，我这还算小的了！心里顿时没那么紧张了！

生：我原以为自己压力山大，没想到全班同学都有压力，只不过大小程度不同罢了！

生：和同学们一比，我发现自己的压力最大！这下惨了！

师：（神秘一笑）想知道怎么减压吗？

生：（齐声大喊）想！

师：用笔在气球上写下你们所有的压力和烦恼，大烦恼写大字，小烦恼写小字。注意不要用太尖的笔，别把气球扎破了！

（教室里一片寂静，学生都在小心地在气球上写烦恼。）

师：写好了吗？

生：写好了！

（他们把气球举过胸口，大大小小的气球上写满了大大小小的烦恼。）

师：现在，把写着你们烦恼的气球狠狠地往地上砸，踩碎它们！踩！消灭那些烦恼！

（学生一愣。反应快的学生立刻行动，"砰"的一声踩爆了气球。紧接着教室里一片"砰、砰"的响声，气球纷纷在脚底下炸响。全班同学一个个心情清爽。）

师：大家看，那些让你们烦恼的事就像气球一样脆弱，只要你们敢于面对，你就能消灭它们，对不对？

生：（坚定有力）对！

（摘编自郑学志主编的《班级管理60问》）

> 方法点拨 >>

学生在教室里踩气球，这可算是大事件了——影响多恶劣啊！老师们一般有以下几种处理方式：

版本一：武断斥责型。不问青红皂白，上去就是一顿狂吼。教室是学习场所，要保证绝对的安静。踩烦恼？踩烦恼就可以违背纪律了吗？你是踩掉了烦恼，却把烦恼踩到别人头上去了！说到气愤处，踹上几脚也有可能。倒不是这类班主任真的愤怒如斯，而是他们觉得必须在学生面前就此事摆明态度，以达"杀鸡儆猴"之目的，因而甚至有意放大了愤怒效果。这是一种典型的"必须型"思维方式，极易酿成师生冲突。

版本二：大事化小型。马上就要考试了，此时不宜节外生枝，把学生的注意力转移到班级纪律上来，最好大事化小、小事化了。因此，这类班主任审时度势，悄悄把学生叫到室外批评告诫一番，令其专心备考。相较于第一种做法，这算是比较稳妥的做法了。就怕有学生投机钻空，摸准了班主任在考前不愿生事的心理，专挑此时放纵，带坏了考风。

版本三：将错就错型。郑老师没有立刻发飙，而是先询问观察，了解情况，"问他们笑什么，他们说踩烦恼"。于是，他将错就错，在考前搞一次这样的活动，生生把这次违纪事件变为教育契机。学生就是德育资源，生活本身就是丰富的德育资源。老师既可以发现这些资源加以运用，也可以毁掉这些资源，这反映着教师的教育理念和思维方式。

郑老师在班会中，要求学生根据感受到的压力程度，把相应的压力吹进气球里，这是心理学上"抽象事物具体化"的技法，大大增强了学生的情感体验，是一堂难得的好课！

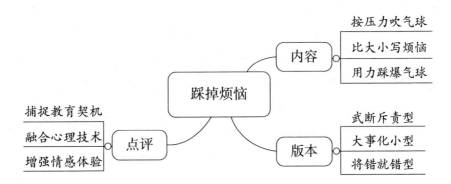

你对老师很重要

> 背景 >>

在一次以"×××，你对我很重要"为主题的班会课上，很多同学都分享了和同学交往的故事，氛围热烈，场面煞是感人。班会课快结束时，同学们让我说说哪些同学对我很重要。同学们都分享了，我这个老班自然也不好推辞。

> 目标 >>

通过"非常规"的选择——小滨，你对老师很重要——触动学生心灵，引发学生思考。

> 过程 >>

师：（走上讲台，深情地看着同学们）2012年9月，我刚来到深圳的时候，就遇见了他，我有幸成为他的老师。

（我刚说到这儿，几个反应快的同学立刻喊道："小滨！小滨！小滨！"）

师：（笑了笑）小滨对我很重要。他是我在深圳所带时间最长的学生，也是最了解我的人。每次看到小滨，我就会想起刚来深圳时所带的班级；每次看到小滨，我就想到了他为物理老师送水送药的感人故事。

（学生动情地听着，小滨则惊讶地看着我。）

师：小滨是令我最佩服的人，虽然成绩很不理想，而且经常迟到、打瞌睡、不交作业，但是他一直在寻求改变；虽然小小年纪，但他知道如何感恩别人；虽然被我误解过，但他一直在宽容我……小滨，我看着你进步，陪伴着你成长，你对老师很重要！

（顿时，掌声震天！而小滨，惊讶得半天说不出话来。）

（摘编自赵坡所著《班主任如何破解德育低效难题》）

> 方法点拨 >>

照常理,被学生要求说最重要的人,赵老师可以这样做:

版本一:八面玲珑型。谁也不得罪,全班同学都对自己很重要,并列举几条典型例子论证,师生皆大欢喜。

版本二:树立榜样型。选一个在各方面都很优秀的学生作为很重要的人,号召大家向榜样人物学习。

版本三:出其不意型。赵老师并没有浪费这次良好的教育契机——他选择了"习惯较差、成绩较差"的不完美的小滨。这种"非常规"的做法,令学生很意外,却又能领会到老师的真诚和爱心,从而使小滨和同学们受到了触动。何谓触动?是指因某种刺激而激发个体产生感情或思想的变化,其起点是创设能够引起个体感到刺激的因素,终点是个体因刺激而动摇了原来的感情或思想。德育工作是否有成效,关键在于能否触动学生心灵,如果触动了学生心灵,就能引发思考,就有可能引导学生转变原有的偏颇、片面的思想观念,就有可能促使学生将美好的思想观念转化为言行。

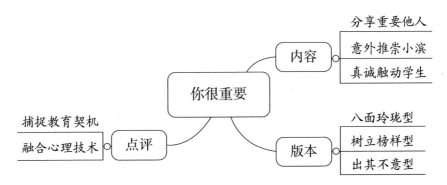

巧帮孩子改姓名

背景 >>

陈强（化名）四年级转到我的班上，一段时间以来，情绪都很低落。我登门家访，原来他的父母离婚了。孩子的外婆对孩子的父亲恨之入骨，硬是逼着孩子改随母姓。而当年轻母亲小心翼翼地征询儿子的意见时，孩子的反应很强烈："我不改姓，我一改姓，同学们都会知道我父母离婚了！"一边是自己母亲的苦苦相逼，一边是儿子强烈的自尊，这位年轻的母亲左右为难。她请我帮忙解决这个难题。

目标 >>

在保护孩子家庭离异这一隐私的前提下，帮陈强改名字。

准备 >>

经过两周的思考，我决定在这个班上召开班会，班会的主题是"谈谈我们的名字，体会长辈的爱"。

过程 >>

（班会上，孩子们侃侃而谈。）

生：桂老师，我叫高歌，是我爷爷给我取的名，他希望我在成长的路上一路高歌。

师：好名字！好外公！

生：桂老师，我和姐姐是双胞胎，姐姐叫刘文，我叫刘雅，长辈们希望我们长大了成为文雅的淑女。

师：我们为你姐妹俩的名字点赞！

生：桂老师，我叫孙旺财，是爷爷给我起的名，他希望我永远财源滚滚。

（同学们听了哈哈大笑。）

师：（忙拉住他的小手）旺财，你的名字起得很好，我很喜欢。希望你长大了用自己勤劳的双手和聪明的头脑，赚得滚滚而来的财富。有多余的，就去帮助那些需要的人。同学们说好不好？

生：（都停止了笑声）好！

（一阵热烈的发言后，我发现，还有几个孩子没发言，其中就有陈强。）

师：还有没有没讲的啊？还有没有要跟我们分享自己名字中所蕴含的爱的同学？

（一连问了几次，陈强依然没有要讲的意思。）

师：那桂老师讲讲自己的名字吧。我叫桂贤娣，我的大姐叫桂引娣，我的二姐叫桂有娣，我的三姐叫桂招娣，这说明我的父母很希望给我们生个弟弟。结果我一出生，又是个女儿，盼孙心切的奶奶一怒之下就不许我随爸爸姓桂，要我随妈妈姓廖。所以桂老师的户口本上至今有两个名字，一个是桂贤娣，一个是廖贤娣。

生：（一只小手举得高高的）桂老师，桂老师，我有话要说，一般名人都有两个名字。

（所有的人听了哈哈大笑。）

生：你们别笑。你们看鲁迅，他还有一个名字叫周树人。还有成龙，他的儿子叫房祖名，那成龙一定还叫房某某。还有很多呢。

师：听了你的发言，桂老师心里好受多了，那我们班上有两个名字的小名人吗？有吗？

陈强：（鼓足勇气站了起来）桂老师，我有两个名字。我叫陈强（化名），这是随我爸爸姓的，我还有个名字叫张强，这是随我妈妈姓的。

师：（快步来到陈强身边，摸着孩子的头）陈强，十多年了，都一直随爸爸姓，也算对得起爸爸了，那以后我们就随妈妈姓，让妈妈心里也平衡点！好吗？

（陈强连忙点头答应。）

师：那我叫你张强，你得答应喔。

生：答应。

师：（高兴地大声叫道）张强。

生：到。

师：张强——

生：到——

师：（立马面向全部同学）那我们全班同学都叫你张强，你也会这样答应吗？

生：当然会答应！

师：（把手一招）全班同学一起来喊张强！

生：（齐）张强——

张强：（大声答应）到——

师：再来一次！张强！

生：（更大声喊）张强——

张强：（也更大声答应）到——

（摘编自桂贤娣的报告《用心用情做班主任》）

> 方法点拨 >>

俗话说"清官难断家务事"，像说服离异孩子改姓这种棘手的问题本来就超出了班主任的职责外延，不便越俎代庖。面对这样的请求，桂老师大可以婉言拒绝，让家长自己处理。但桂老师师者仁心，还是决定帮忙。一般而言，桂老师可以这样处理：

版本一：劝说外婆型。"您老人家一大把年纪了，什么事儿想不开呀！不就是个名字吗？孩子都叫十年陈强了，现在，你硬要他改成张强，小孩子能接受吗？你恨小孩的父亲，可也不能伤着孩子，难为女儿，是不是？"如果外婆比较开明，可能会同意。这种可能性比较小，从事件背景来看，老人有心结，这个结很难解开。

版本二：劝导孩子型。"你爸妈离婚了，你跟你妈过，就用你妈妈的姓，这样你外婆对你会好一点儿。你说是不是？"孩子小小的心灵因为家庭的不幸而承担很大的压力。老师这样一说，孩子可能会受到更大伤害，毕竟，孩子年龄小，对姓氏这种事儿懵懵懂懂。既然老师让改，就改吧，可这样容易被同学知道父母离异的事。

版本三：开会协商型。把母亲、外婆和孩子叫在一起，老师做调解人，让他们开诚布公，解开心结。毕竟血浓于水，尤其是长辈，看到并听到孩子心里的委屈，又当着老师的面，非常容易心软并让步。这就可以一劳永逸地解决问题。但这种做法的风险也是巨大的：万一家长失控，谈崩了怎么办？局面将是不可控的，将会激化矛盾，对孩子造成更大的伤害。这个风险冒不得。

版本四：抛砖引玉型。在处理这个棘手的偶发事件时，桂老师绕开常规做法，别出心裁，在微班会上精心创设了一个情境："谈谈我们的名字，体会长辈的爱"，让公开谈论自己的名字成为理所应当的事；随后又"自跳泥潭"，自爆自己有两个名字，是否属实姑且不论，这分明是在"谈自己的名字"这个情境中又创设了一个情境——"人有两个名字很正常"！梯子搭得天衣无缝有没有！后面再有学生发挥出"名人都有两个名字"，又把"有两个名字"升华成了一件很时髦的事。陈强果然就范，顺理成章地接受并公开了自己的另外一个名字：张强。桂老师又趁热打铁，让大家高喊张强巩固了战果。

在这节微班会中，桂老师敏锐地捕捉到了教育的契机，没有批评抱怨，有的只是和善而坚定的正面管教技术。通过精心创设的两个连环情境，既自然而然为陈强改了名字，又没有暴露父母离异的隐私，把这个问题艺术地解决了。

桂老师的教育智慧是从哪里来的？我们有理由相信，桂老师一定是对这堂班会的细节模拟过无数遍，有了充分准备才正式实施的——这缘于爱，因为只有爱，才是一个教师教育智慧的源泉。

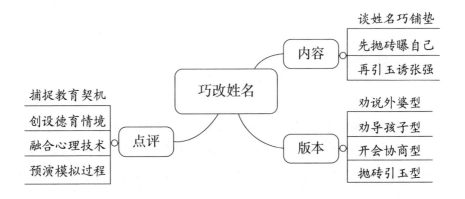

课堂搅局化解

"我是一头（ ）的猪！"

> 背景 >>

平时在课堂里，我留给学生的印象是平和、风趣、从来不冲他们大吼大叫，我和他们一向相处得很愉快。然而在某一天的自由阅读课上，正当我在教室里巡视和辅导的时候，我察觉到有些孩子在捂着嘴巴偷笑，并且笑声越来越多，越来越响；也有的孩子面色复杂，望着我欲言又止。我也笑了，问他们在笑什么。有一位孩子指着我的后背说："老师，您的衣衫上被贴了一张条子。"我转身一看，真的拖着一张像尾巴一样长的纸条。我随即将它取了下来，上面写着："我是一头（ ）的猪！"教室一下安静了。

> 目标 >>

化解课堂危机，和谐师生关系。

> 过程 >>

师：（拖长声音大声念道）我——是——一——头——括号——的——猪！

（孩子们哄堂大笑。我心里有些不悦，拖长声音只是为了平稳自己的情绪，同时为我的思考判断和作出决定赢得时间。我极力分析贴条子的孩子的心理：那段日子我看到孩子们互相玩贴纸条的游戏，因此我的第一判断是贴条子的孩子肯定对我没有什么恶意；就是有恶意我也一定要转化这份恶意。）

师：（笑着做了个安静的手势）哈哈，是哪位小朋友给老师出了这么个填空题啊？大家先来帮老师和TA解决这个问题吧。谁会填？（这时，一个小女生站了起来。）

生：老师，这不礼貌，是骂人的话！

（本来想不着痕迹地化解尴尬，这个小女生气愤的话又让气氛变得剑拔弩张。怎么办呢？我当时还真的懵了。）

师：（俯身问她）为什么呢？

生：这些日子，同学们都搞这样的恶作剧，我们都不喜欢。尤其是男同学他们经常这样欺负我们女同学。

（此时此刻全班安静了，教室里的气氛更加紧张起来，孩子们等着我的发落。）

师：哦，原来是这样啊。最近你们玩这样的游戏啊，看来有人受到伤害了，还有谁有不同的看法？

（一个男孩举起了手。）

生：老师，这是我们在玩《猪猪侠》里的游戏。"猪"不是骂人的话，猪猪侠超级可爱！它是聪明、善良的，我们很喜欢。

（这时我真的想起，儿子小时候总爱用手推着我的鼻子闷声闷气地问："你是猪吗？是一头怎样的猪呢？"原来孩子们是喜欢我而搞的恶作剧。但是这种游戏也有孩子们不喜欢，怎样引导他们呢？）

师：那大家觉得这种游戏到底是好还是不好呢？大家讨论讨论。

（孩子们讨论得非常热烈，很快他们就讨论出了结果。）

生：我认为这种游戏在不伤害人的情况下可以玩。

生：但是在上课的时候不可以玩。

生：老师，其实我们很想和你一起玩的，所以刚才那个条子是我贴的，我们喜欢老师，所以我才写了那张条子。

师：（非常开心地走下讲台抚摸着他的头）谢谢你对老师的喜欢，那你说老师是怎样的一头猪呢？

实战篇　微班会创意设计与点评

生：（眼里闪着无比兴奋和激动的灵光，小脸儿变得通红）美丽、善良、温柔，像妈妈一样好的猪！

（全班同学都高高举起了手抢着要说我是一头怎样的猪。他们的答案和贴条子的孩子大同小异。）

生：老师，您不是猪猪侠，而是我们的妈妈侠！

师：那好吧，谢谢孩子们如此喜欢我，老师今天除了幸福感满满之外还真是受宠若惊啊！那我以后就做你们最好的"猪猪侠"或者"妈妈侠"。你们愿意跟"猪猪侠"一起学习成长吗？

生：（齐答）愿——意！

（甘肃省会宁县如东友好小学　柴玉荣）

方法点拨 >>

亲爱的班主任，如果你上课时被人贴了这么一张纸条，你会作何反应？恐怕多半会勃然大怒吧？这让笔者想到了另外一则故事：

在一条狭窄的山路上，一个货车司机正在爬坡，已经开了3个小时，他有点昏昏欲睡。就要到坡顶的时候，迎面来了一辆车，车上的司机伸出头来，伸手指了一指，对他大喊了一声："猪！""呜"的一声，两车擦肩而过。他从瞌睡中一下子醒了过来，马上伸出头，冲着车的背影大声骂道："你才是猪！你们全家都是猪！"他得意地回过头来，看看前面的下坡路，天啊，一群猪！他刹车不及掉沟里去了。

心理学中有个"情绪ABC理论"，其中A（activating event）表示诱发事件；B（belief）表示个体针对此诱发事件产生的一些信念，即对这件事的看法和解释；C（consequence）表示个体产生的情绪和行为结果。该理论认为，人的情绪不是由某一诱发事件本身引起的，而是由经历了这一事件的人对这一事件的解释和评价引起的。对面的司机明明是好意提醒（A），但货车司机却按照自己过去的经验和记忆，硬是把善意解释成了污辱（B），于是迅速反应"你才是猪"（D），却失去了躲开危机的机会。在处理课堂搅局问题上，班主任们会有何反应？

版本一：勃然大怒型。脸色铁青，双臂交叉，厉声责骂，飞脚踹人，斯文尽失，遑论教化愚顽？

版本二：借力打力型。好一群小兔崽子，贴纸条贴到老师身上来了是吧？你不是让填空吗？好，每人给我填100个不能重样的词，填不完不准下课！这种做法的确解气，但只因一人犯错而连坐全班，丧失了风度不说，也必会招致全班学生的抵触。

版本三：正面解读型。在本堂课上，面对诱发事件——被贴了一张"我是一头（ ）的猪！"的纸条，柴老师的第一反应也是"不悦"——显然也将其当成了对自己的污辱，但她凭借着过人的教育智慧在惩戒学生之前硬生生将其压了下来，对诱发事件进行了重新解释：在日常生活中和学生"相处得很愉快"的柴老师有一份教育自信，相信孩子没有恶意，有孩子贴纸条，一定是有原因的。本着这样的教育理念再去了解原因、焦点解决，结果乾坤扭转、反败为胜，皆大欢喜。海姆·G·吉诺特在《老师怎样和学生说话》一书中提出："教师是教室里的一个决定因素。教师个人的方法可以创造出教室里的情境，教师个人的情绪也可以左右教室里的气氛。作为一位老师，我们拥有巨大的力量，来让孩子们过得痛苦或者欢乐。我们可以成为折磨孩子的工具，也可以成为鼓舞孩子的火花。我们可以带给他们羞辱或者开心，也可以带给他们伤害或者拯救。"在所有的情况下，一次危机是骤然升级还是逐步化解，一个孩子是获得进步还是日益堕落，我们的态度都有着重要的影响。这是吉诺特的观点，也是我们做老师应有的深刻感悟。

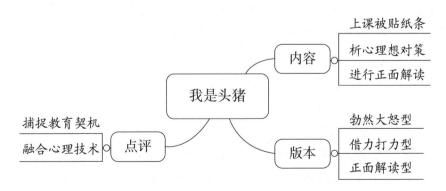

你有理发营业执照吗?

背景 >>

今天第一节数学课,小璐竟然在课堂上一本正经地拿出一把剪刀,去剪前桌男同学的头发。更气人的是,她还故意弄出很大的动静,把全班目光都吸引了过去。

目标 >>

化解学生的课堂"挑衅"。

过程 >>

师:(走过去问她)你在干什么?

生:(一脸嬉笑)老师,我在帮他理发。

师:(笑着说)理发就去理发店,这里是教室。

生:(毫不畏惧)老师,我给她理发是免费的。要不,我给你也理一理?

师:(微笑)好呀,老师还真没有想到,我们班还真是卧虎藏龙,还藏着一位理发师呢。大家看看,这样多好,又可以节省一笔费用了。不过我总是有点儿不放心,人们常说一分钱一分货,你理发免费,我却有点儿担心你的理发技术。如果你技术太臭的话,我宁愿花钱去理发。

(全班同学都开心地笑了。我心想,正好放松一下,偶尔来一点插曲,调剂一下课堂气氛也未尝不是一件好事。)

生:(居然一点都不识趣,继续嘻哈)老师,我的技术很好呢!要不,现在就试试?

师:(表情有点严肃)你有营业执照没?没有营业执照的话,工商部门查究起来是要罚款的。小璐同学,老师希望你在未取得营业执照前,不要在课堂上谈论理发的问题,耽误大家时间,因为还有很多同学等着老师上课呢!

(然后我继续上课,小璐总算知趣,不再捣乱。)(刘令军)

(摘编自刘令军、方庆所著《中学班主任的72个临场应变技巧》)

> 方法点拨 >>

和上一节课不同，这次明显是学生故意在课堂上搅局，甚至可以说是在找茬了。面对这种恶劣情况，老师们就比较直接了，一般会采取如下策略：

版本一：愤然喝止型。"小璐，这是课堂，不是你家。请注意你的言行！"若小璐是初犯，这招没准管用；但小璐明显是个"刺头"，吃这一套的可能性不大。这种方案反而有可能会正中学生下怀，使冲突升级。

版本二：暴力驱逐型。"必须型"思维，见不得一点课堂挑衅，冲学生厉声大喝："滚出去！"他倒未必是真生气，而是觉得这种场合应该生气。学生滚出教室之后，他又春风和煦继续上课。这种"杀鸡儆猴"式的管理方式往往立竿见影，能起到一定作用。但是，一来学生出去之后无人管控，会有一定程度的安全隐患；二来也违反了《未成年人保护法》。

版本三：势不两立型。上面说到把学生撵出教室，但如果学生跟你杠上了，就是不出去怎么办？老师骑虎难下之余，不免恼羞成怒："你走不走？你不走是吧？你不走我走！"于是摔门而去，并宣称：此学生一日不开除，本教师一日不上课。这就尴尬了，一来根据校规，学生不可能仅凭此事就达到开除的程度；二来教师本人也有点反应过激，因一人之过而迁怒全班，把本来属于他的"民心"生生推给了搅局者。结局可想而知：老师回班教学，但名"胜"实败，失去了学生们的"民心"；学生道歉回班，但虽败犹荣，成了同学们心中抵抗"暴政"的英雄。

版本四：怒搬救兵型。这类老师往往先采取冷嘲热讽或暴力驱逐的方式，发现拿不下学生，气得浑身发抖："好，好，我管不了你了是吧？有人管得了！"于是找到班主任或德育处，一把鼻涕一把泪地哭诉，并在他们的协助下叫来家长，对学生进行"三堂会审"。学生迫于压力只好妥协，但可想而知他对教师本人的看法何如，以后在课堂上又会是如何表现。

版本五：柔中带刚型。此类老师态度和蔼、语气和善，但字里行间无不在提醒学生已经逾矩，最好适可而止（及时总结评价）。一般而言，学生都能听懂暗示而收敛言行；但也会有学生听不懂（也许是故意不懂？）

老师的话外音，需要老师明确制止。刘令军老师就是这么处理的：他先走到学生面前问"你在干什么"，意思是"我已经看到你的小动作了，赶紧停止"；但学生却一脸嬉笑说在理发（明显在找茬），他就说"理发就去理发店，这里是教室"，意思是"你已经违纪了，赶紧停止"；如此种种，直到学生仍不识趣，连其他学生都觉得她在无理取闹时，刘老师才表情严肃地制止了她的行为。需要注意的是，"柔中带刚"的度如果把握不好，容易变成"冷嘲热讽"。

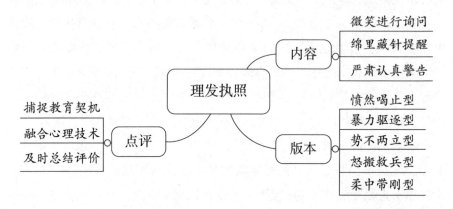

红烧肉与地沟油

背景 >>

语文老师上课讲苏轼的《定风波》。

目标 >>

应对学生"搅局"，使课堂有序进行。

过程 >>

师：你们了解苏轼的哪些方面？

生：他会做红烧肉。

师：喔，他是一个好厨师，说明他有生活情趣，多才多艺。

生：他用不用地沟油啊？

（全班学生哄笑。）

师：看来你比较关心社会问题。暂且不说当时有没有地沟油，即使有地沟油，你认为苏轼会使用吗？

（摘编自李进成所著《不怕学生搅局》）

> **方法点拨** >>

除了前文所讲的两种搅局类型之外，还有一类学生比较典型：他们学习成绩一般，但特别喜欢在老师讲课时插嘴，非常生硬地想把自己表现出来，有时甚至不惜在课堂上故意出丑，惹得大家哈哈大笑。遭到老师批评，他们非但不以为耻，反而略显兴奋。这类学生在国外被称为"课堂小丑"，他们总是到处取乐，故意表现得很傻，以得到老师或同学的注意。但这类学生在国内并没有明确的定义，因此不少老师纷纷中招：

版本一：憷然自失型。新手老师居多，这类老师根本没有意识到学生的深层动机，对学生有问必答。结果要么被学生牵着鼻子九曲十八弯地绕，绕到坑里出糗不说，还完全迷失了课堂主线；要么被学生接二连三的无关问题搞得应接不暇，导致完不成课堂任务，完全受制于人。

版本二：怫然不悦型。这类老师有些课堂经验，对这类问题有些不悦，但又不好说什么，只好不冷不热、不轻不重地怼 TA 几句。殊不知正好中了 TA 的下怀："课堂小丑"不论是非，只求关注。老师只要回应，无论褒贬，都在无形中把全班的眼球集中在 TA 身上，让他飘然若仙，欲罢不能。

版本三：断然践踏型。笔者曾遇见一位经验丰富的任课老师，遇到这类学生绝不手软，当场拍案，指着 TA 的鼻子，骂得 TA 体无完肤。学生毕竟还是有自尊的，就算故意出丑搏人眼球，也不过是错把笑声当成欣赏才乐此不疲，这下被当众骂得狗血淋头、颜面尽失，心理体验绝对丰富。至于后续反应，就要取决于 TA 的心理素质了：有自省能力的可能从此就改了；心理素质好些的可能在这位老师的课堂上有所收敛，其他课堂依旧我行我素；容易冲动的怕有极端行为——自寻短见估计不会，但忿起杀人还是有可能的——这个风险冒不得。

版本四：漠然无视型。既然学生出丑是在求关注，那么只需要在他出丑的时候，让他无法得到其他人的关注就行了。迟毓凯老师在他的大作《学生管理的心理学智慧》中给出了四个步骤：

①不论这个学生如何搞怪，教师不要看他，冷处理，目光不能与他交流；

②教师要说一些事，把其他同学的目光吸引过来，让其他同学也不要关注他；

③走近他，以身体语言来表达对他的不满，但同时不要与其进行目光接触；

④表扬他身边遵守纪律的同学，在他因未得到关注而失望之际给他一个正面的榜样。

根据这个版本，我们轻易发现了李老师在本堂课上的应对智慧：学生说苏东坡"会做红烧肉"，虽然偏题，但的确有这么回事，于是李老师提炼成"有生活情趣，多才多艺"；学生问"他用不用地沟油"，这就是从"红烧肉"引发出来的无用联想了，说话者明显是想抖机灵博关注，李老师先肯定他关心社会问题，进而追问"即使有地沟油，你认为苏轼会使用吗"，把话题从"地沟油"又带回到"苏轼的品行"上来，化敌于无形——任你信口胡诌，我自岿然不动。虽接了你的话茬，但稍粘即走、绝不缠斗，随即抛出一个主线问题吸引了其他学生的注意力，让"课堂小丑"狗咬刺猬无从下嘴。

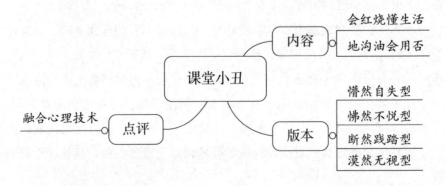

故宫与子宫

背景 >>

语文课上，周艳老师正在上《故宫博物院》。

目标 >>

巧妙应对学生的"搅局"，使课堂有序进行，将学生拉回正轨。

过程 >>

师：世界上有哪四大宫殿？

（这个问题把学生难住了。）

生：故宫。

师：你很聪明，虽然不知道另外三个宫殿，但老师在上《故宫博物院》时提问四大宫殿，故宫博物院肯定在"四大"之内。

师：（继续问）还有呢？

（学生们都说不出了，这时候有个男生大叫了一声。）

生：还有子宫！

（教室里一片笑声。很显然这个答案是胡说八道的，而且可能是故意扰乱课堂，哗众取宠。很快，教室安静了下来，大家都等待着，看周老师怎么处理。）

师：（走到这个男生面前，笑眯眯地说）其实，你答得真好！

（学生们有些惊讶。）

师：因为子宫的确是人类最伟大的宫殿！（周老师的表情庄重了起来）子宫，真的让我们人类肃然起敬。它是胎儿的宫殿，是我们人类生命的摇篮，因此，我的确认为它是世界上最伟大的宫殿，也是最神圣的宫殿。对着伟大而神圣的宫殿，我们应该怀有敬意，而不应该轻慢地谈论。

（学生们的表情也庄重起来，大叫的男生讪讪地低下了头。）

师：当然，这节课我们不研究这个问题，我们把这个问题交给生物老师，上生物课的时候再讨论，好吗？好了，同学们，我们还是回到刚才的话题吧。

（摘编自李镇西的报告《生命与使命同行》）

> **方法点拨** >>

学生在课堂上搅局是所有老师都会遇到的难题，且很多属于故意搅局。一般有两种形式：一是在言语上标新立异，比如公然询问苏东坡用不用地沟油、在老师提问"四大宫殿"时恶搞回答"子宫"等；二是在行为上乖张出格，比如在数学课上拿剪刀剪前桌男生的头发、遭到老师询问仍胡言乱语等。究其根源，要么是通过夸张的言行来博取老师或（特定）同学的关注以满足内心的需要，要么是通过挑衅的举止来发泄对老师或课程的不满。但无论什么原因，其结果必定是搅乱了课堂，转移了焦点，把师生的注意力从教学内容吸引到搅局者身上。因此，老师必须予以制止，重夺主动权。一般而言，老师们往往采取如下策略：

版本一：羞臊难当型。此类老师多为未婚小姑娘。如果恰好大叫的是中学生，会更觉得自己受到了污辱，轻则面红耳赤尬在当场，重则梨花带泪找人做主。无论怎样，既耽误了课堂，又坐失了一次"诛大赏小"以立威的好机会，实在可惜。

版本二：冷嘲热讽型。"仁者见仁，智者见智。大家都在关注苏东坡的胸怀和才情，个别人却把眼光集中在红烧肉和地沟油上。你的世界里除了吃就没别的了吗？""连四大宫殿这么严肃的事物都能想到子宫，小小年纪在这方面的联想力怎么这么丰富呢？""在数学课上给别人理发，你确定自己的精神正常吗？"这种做法显得老师特别"机智"，也非常解气，但负能量满满，丢了师者风范；且一不小心就演变成"断然践踏型"的人身攻击（见上篇《红烧肉与地沟油》），容易激化矛盾。若真起了冲突，老师挖苦在先，也没地方说理去。

版本三：四两千斤型。此类老师都是大神，任尔狂风带暴雨，我自四两拨千斤，不动声色就化解了危机。周艳老师的处理方式就非常艺术：当学生爆出那句"还有子宫"的时候，教室里的气氛一定是紧绷的，因为这句回答不仅离题万里，而且无礼低俗，更何况面对的是一位女教师。在这种是非鲜明、民心所向的情况下，就算周老师怎么惩戒都不为过。但周老师却笑眯眯地肯定了学生的回答，说子宫"是胎儿的宫殿，是我们人类生命的摇篮"，进而指出"对着伟大而神圣的宫殿，我们应该怀有敬意，而不应该轻慢地谈论"，委婉而明确地地指出学生的错误，把课堂危机化成了教育契机。随即见好就收，回归课堂话题。谈笑间，樯橹灰飞烟灭，何等优雅、何等睿智！

当然，并不是所有的老师在所有的状况下都能够像周老师一样化腐朽为神奇。那么，有没有虽然不那么优雅，但足以应对学生搅局的方法呢？笔者以为，可以从认知、态度和策略这三个方面入手：

第一，认知层面。

从认知层面上看，"应对学生搅局"本质上属于情绪管理的范畴。前文（《"我是一头（ ）的猪！"》）说到的"情绪ABC理论"认为，人的情绪（C）不是由某一诱发事件（A）本身引起的，而是由经历了这一事件的人对这一事件的解释和评价（B）引起的。同一件事，人们的看法不同，情绪体验也不同。不同的信念决定了不同的反应。如果教师认为按时完成教学任务最重要，那么他会对搅局者置之不理；如果教师认为教师的权威不容侵犯，那么他很可能会对搅局者大发雷霆；如果教师认为培养学生美好心灵最重要，那么他就可能包容搅局者，然后相机引导。

此外，教师看待学生也往往存在身份认同问题：如果认为学生是一个关心社会、思维活跃、善于思考问题的人，那么教师对学生的认识就会是积极的；如果认为学生经常在课堂上捣乱，那么教师对学生的认识就会是负面的。

教师对自己的身份认同，也会影响事件的看法。如果教师认为教师只是一份养家糊口的工作而已，那么他就会按照教书匠来工作；如果教师认为教书不只是一份工作，还是一项事业，承载着学生灵魂塑造的重任，那么他就会从教育家的高度来看待学生。

第二，态度层面。

明确了对此事的认知后，教师就要端正处理的态度。简单地讲，就是要坚持"和善而坚定"的正面管教原则，和学生进行非暴力沟通。"和善"就是指不讽刺挖苦、不训斥责骂；"坚定"就是要明确表明自己的态度，不卑不亢。师生对峙起来之后，很多老师往往认为自己的权威遭到了侵犯，关注点全部集中在对方身上。其实除了搅局者之外，全班学生的支持才是最重要的，他们对此事的看法和评价才代表着"民心"。尽管大多数情况下民心是站在老师这一边的，但也不尽然。因此，老师就要摆明立场而占"理"、态度和善以博"情"，情通理正，民心所向。其实，正面管教不仅有助于赢取民心，对"搅局者"本人也会有莫大的触动。

第三，策略层面。

NLP（Neuro-linguistic Programming，神经语言程序）辅导中有一种常用的技巧叫作"先跟后带"。所谓"先跟"，就是建立亲和感，去肯定和配合对方的信念、价值观和规条；所谓"后带"，就是在和当事人建立沟通关系之后，择机进行教育和引导。三位老师无一例外地使用了这种策略：刘老师先迎合小璐聊理发，然后再严肃要求终止违纪行为；李老师先认可学生关于苏轼的跑题观点，然后再把观点带回到课堂内容；周老师也是先认可学生，然后通过偷换概念，把子宫描述成"人类最伟大的宫殿"，顺理成章地带出了"我们应该怀有敬意，而不应该轻慢地谈论"这样的论断。由此可知，"先跟后带"是应对这类问题的有效策略，值得老师们学习模仿。

其实，如果不想那么麻烦，只需要平静地看着搅局者，等他意识到自己被注视之后，淡淡地说一句"这样不好吧？"，应该就能解决大部分的问题。

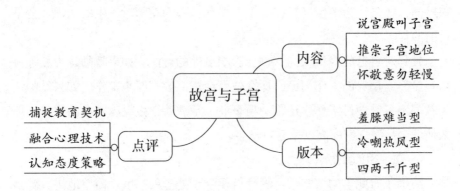

健康饮食科普

用知识指导生活

背景 >>

课间,见一学生吃薯条,并让我吃,于是便和她聊了起来。只要我开口讲话,总有大批学生围上来听,我的"嘴巴德育"很有市场。

目标 >>

让学生了解营养学知识,树立用知识指导生活的理念。

过程 >>

生:老师,吃根薯条吧!

师:谢谢!看着都好吃!可我却不能吃了。

生:为什么?

师:我现在是典型的"三高一低"。

生:"高增长、高效益、高就业,低通胀"这是知识经济的特点,老师,您教我们的我学会了,课间您就歇会儿吧,别再为我们操心了。

师:我哪儿还有心思操你们的心呢!我说的是自己——"高血压、高血脂、高血糖,低工资"。(其实我只是血糖有点儿高)

生:(大笑)老师,您真幽默。

师:低的我管不了,可高的却是自己吃出来的。

生：不会吧？我每天都吃。网上说薯条属于油炸类食物，吃了之后不但会增加人体热量，还含有什么致癌物质，还可能会导致心血管疾病什么的，看着虽吓死人，可大家都这么吃，不也都好好的？

生：我爸爸就得了糖尿病。

师：俗话说："病是吃出来的。"你觉得我的病是吃哪一口饭得的？是几十年每次都不注意，每次多吃一口得的。我是跟谁学的？从小跟别人学的，靠模仿生活到今天。现在得绝症的人这么多，就是平时你学我，我学你，不注意合理饮食造成的。正是不合理不健康的生活方式才导致我们的身体每天都受到伤害，累积久了就成了身上可感受到的病。所以，要想健康长寿，就要彻底改掉我们不合理的生活方式。

生：（把薯条放了起来）怪不得我妈整天头晕，我再不敢贪吃了。

师：偶尔吃一点不要紧，你们还年轻，坚持吃几年，"长大后你就成了我"。

生：（大笑）老师，那我们该吃啥呢？

师：简单说，像我现在这样，每天遵循"两高一低""四多三少"。"两高一低"指的是宏观上的生活习惯，即高纤维素、高维生素、低脂肪；"四多三少"则是微观上具体到哪些食物，即多果蔬、多豆制品、多菌类、多绿茶，少高能量食物、少加工肉制品、少喝酒。

师：偶尔吃一次薯条未尝不可。如果你每个课间都吃，时间长了就有害健康了。多了解一些饮食健康知识，用知识指导生活，才会让我们轻松、快乐、安全地享受生活，那样才会吃得更长久。

（河南省济源第一中学　秦望）

方法点拨 >>

课间学生跟你分享零食，你接不接？那就取决于你对此事的看法了：

版本一：情谊至上型。学生给我零食，那是喜欢我呀，当然得接着！吃不吃都要！我恨不得自己手里也有一包零食分给 TA 呢！课上是老师，课下当朋友嘛！这样学生才愿意跟你沟通。纪律问题可以过后单聊。

版本二：纪律至上型。嗯？教室里怎么能吃零食？这愣头青还递到我面前来了。心情好了就微笑着说:"教室不能吃零食,拿到外面去吃吧。"赶上心情不好就眼一瞪脸一拉:"收起来!再让我碰上就直接扔到垃圾桶里去!"前者还好,后者就直接伤了学生,从此再也不愿跟你交流了。不过话说回来,如果班主任的风格一向如此,恐怕早就没学生和他沟通了吧?

版本三:健康至上型。虽不赞成学生吃零食,但也不会让他们下不来台,而是通过迂回的方式来劝告。比如本案例中,先以身体为由谢绝了学生的好意,然后话锋一转,借聊自己的病(创设情境),给学生进行了一次关于"健康饮食"的"嘴巴德育"(捕捉教育契机)。什么"两高一低""四多三少",健康知识帮学生有效提炼;什么"三高一低""长大后你就成了我",幽默的话语让学生入耳入心(正面管教),真正落实了"用知识指导生活"。

其实,无论是以上哪种类型都能行得通,关键是把握好度,这才是最难的部分。我们要既不伤了学生的情感,又把想说的话表达得淋漓尽致,还不让学生觉得老师啰唆。

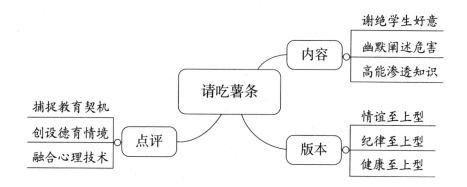

槟榔不要随便吃

背景 >>

班上的垃圾桶里经常会看到槟榔袋,走廊上有时也会出现槟榔渣,有女生也反映个别男生有吃槟榔的现象。零食在学校是禁止的，更何况槟榔，是违禁物品。

> 目标 »

让学生了解吃槟榔的危害，不吃或者少吃这类不健康的食品。

> 准备 »

关于吃槟榔的危害的视频；关于吃槟榔导致癌症的文章。

> 过程 »

师：今天我在走廊上看到了槟榔渣，是我班同学嚼的吗？再具体一点，应该是我班男生嚼的吧？

生：（议论纷纷）为什么是男生，还有女生呢？

师：（故作惊讶状）哦？难道你们身边还有女生嚼槟榔的？

生：我家亲戚、邻居有好些女性嚼槟榔的呢！

（男生们开始七嘴八舌了。）

师：女生们也冒个泡，你们身边都有哪些人嚼槟榔的？

（学生们一下子热闹起来，"我哥哥""我叔叔""我爸爸"等不绝于耳。）

师：由此可见，男性嚼槟榔的人数远远超过了女性。我在这里不是要批评男生们，槟榔我以前也嚼。不仅我嚼槟榔，我身边的一些亲戚也嚼。

生：就是就是，都是你们这些大人带坏的。

师：不知者无罪，所以我也不责怪你们。你们知道槟榔是什么东西吗？

生：不知道，但是看到别人吃我就吃了。

师：槟榔其实是一味药，只是在我们湖南特别流行。今天有哪些同学吃药了呢？

（学生大笑，尤其是有个别男生冲着吃了槟榔的男生坏笑。）

师：今天我要告诉大家一件真实的事情——我以前吃槟榔，现在不吃了。

生：学校不准吃。

师：这不是主要原因。主要原因是：我姐夫特别爱嚼槟榔，一天基本上要嚼两包以上。有一天喉咙突然疼得说不出话，去医院检查，喉咙有异物，槟榔渣卡在喉咙里了，需要动手术。医生说如果不动手术，有可能会病变得喉癌。

生：这么严重。

师：你们不知道槟榔的危害吧？给大家看一个视频，我事前搜索到的关于吃槟榔的危害的视频。

（视频内容是：槟榔素有毒性，可致黏膜病变。槟榔是一级致癌物质，不应该作为食品销售。据报道，全球每年新发近40万例口腔癌症患者，其中22.8万例发在南亚和东南亚地区，占到58%，而这些地区的居民大都有咀嚼槟榔或槟榔子的习俗。可见，嚼槟榔与口腔癌有密切的关系。此视频播放后，学生对槟榔有了新的认识，但是还是不够震撼。我接下来又把看到的一篇有关槟榔危害的微信文章展示给同学们看。里面的图片确实很有冲击力，尤其是病变的器官，不忍直视。）

师：湖南某槟榔销售中心经理坦言，槟榔里都加了冰片和麻黄，这些东西和尼古丁一样能让人上瘾。

（班级的女生们立即沸腾起来了：咦，太恶心了，我回去一定要和我爸爸说不要再吃槟榔了……）

师：（总结）今天我并不责怪吃了槟榔的同学，我知道嚼槟榔的同学不清楚槟榔的危害，所以一不小心上了槟榔行业的贼船。我也希望大家回去告诉你们的家人，为什么嚼槟榔会上瘾。俗话说"吃一堑长一智"，为了你们和家人的身体健康，请大家提高食品安全认识，不要随便买路边摊食品与"三无"产品，更不要轻信广告。

（同学们若有所思。）

（湖南师大附中高新实验中学　曹学武）

方法点拨 >>

在一所禁止吃零食的学校里，班里竟然堂而皇之地出现了槟榔袋和槟榔渣！要知道，这可是"违禁物品"！那其他的零食会不会存在呢？可以想象曹老师当时的心情。冷静下来一想就会发现，这绝不仅仅是纪律问

题,更是食品安全问题。遇到这种情况,我们可能会这样做:

版本一:公开斥责型。把槟榔袋往讲台上一扔,将学生一通臭骂:"三令五申不让吃零食偏不听,还吃到教室来了!无组织无纪律!槟榔是什么不知道吗?这搁到清朝就是鸦片,会要人命的!活得不耐烦了?!谁吃的?站出来!一颗老鼠屎坏了一锅粥!"这样做可能会吓住学生,也可能吓不住;唯一确定的是班主任在学生心目中的形象要暴跌,从此你就是"简单""粗暴""专横"的代名词,师生对抗因此而起。

版本二:暗度陈仓型。表面上不张扬,私底下通过调查锁定这些"个别"吃槟榔的学生批评教育甚至交付学校处分,务必杀一儆百,刹住不正之风。这样做的好处是不张扬,把事态控制在尽可能小的范围之内。但如果处理不当,班主任很可能落下"阴险""狠辣"之名,师生嫌隙由此产生。

版本三:循循善诱型。曹老师面对这样一种局面,不但没有暴怒,反而变违纪事件为教育契机,追根溯源,先介绍槟榔为何物;后又精心筛选小视频和微信文章展示槟榔的危害,给学生带来了精神上的冲击,从而种下了"远离槟榔"的种子。整个过程没有强制性的语言,而是像聊家常一样,用和善的态度和坚定的立场完美诠释了正面管教理论的操作原则。如果曹老师在班会末尾能够发出"远离槟榔,珍爱生命"等更强有力的号召,同时把话题再回扣到"纪律"上来,相信一定能够取到更好的效果。

版本四:标本兼治型。我们还可以把版本二和版本三结合起来,公开广泛宣讲预防、私下定点教育制止,从面到点都能兼顾,应该是标本兼治的万全之策。

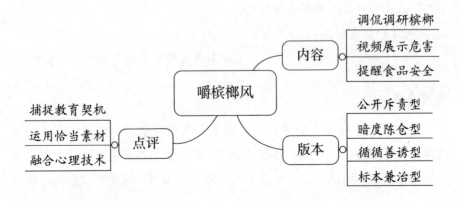

零食零食我爱你

背景 >>

零食的诱惑难以抵挡。不用说青少年，就是成年人也有很多人喜欢吃零食。一日上课，我提前几分钟到教室门口候课，远远地看见别的班成群的学生手里拿着各种零食走进教室。一向多管闲事的我，终于忍不住犯了"好为人师"的毛病。

目标 >>

让学生认清滥吃零食的危害。

准备 >>

提前打腹稿。

过程 >>

师：同学们，上课铃响了，我为什么没有上课？因为我在"恭候"几位去买零食的同学。看，远远地，他们向教室走来，手里拿着各种各样的零食，虽然没有雄赳赳气昂昂的气势，却也不失自信从容的风度。他们一到教室门口，看到我，四目相对，立刻如同心有灵犀一样，以"迅雷不及掩耳之势"，将各种零食藏在背后，若无其事从我面前走过，蹑手蹑脚地走到座位上，以低头找书为掩护，用魔术师的奇幻手法，将各种零食塞入课桌，又若无其事地打开书本，堂而皇之地开始假装学习。

（学生哄堂大笑，个别学生有些不好意思。）

师：唉，零食的魅力之大，非我等凡夫俗子能够想象，零食的作用之大，更非我等平民百姓所能描述。但我还是要斗胆献丑，夸夸零食的"巨大作用"。

（夸夸零食？学生惊讶地抬头看向我，洗耳恭听。）

师：①课间买零食，要走几百米，时间不够用，有时还要跑，相当于比别人多锻炼了身体。如果能够坚持下去，说不定能跑出一个"世界冠军"。

②课间买零食，走出了教室，呼吸了新鲜空气，休息了大脑，有助于提高下节课的学习效率。

③课间买零食，成群结队去，聊聊天或者相互分享一些"零食心得"，可以放松心情。

④吃零食产生了大量垃圾，给学校的清洁工人提供了实现价值的机会，如果没有人吃零食，就没有垃圾，他们可能就会失业。

⑤吃零食刺激了消费，增加了货币流通的频率，有利于市场经济的良性循环。

⑥吃零食带动了国内零食生产企业的发展，增加了就业的岗位，有利于社会的稳定。如果不吃零食，将有很多企业可能会面临倒闭。

⑦吃零食可能会导致肥胖，这样就给健身、减肥商店提供了充足的客源。

……

（我一口气说了十几条，学生早已笑得前仰后合。这时，我话锋一转。）

师：不过，吃零食也有坏处：

①费——了——钱；

②占——了——嘴；

③忙——了——手；

④乱——了——心；

⑤坏——了——身；

⑥误——了——学。

（有的学生频频点头，但也有不少学生低头不语。我也不勉强，见好就收。）

师：仅此而已，各位零食爱好者大可不必在意。现在请打开课本，学习"基本营养物质"，看看什么才是人体必需的营养物质。

（河南省济源第一中学　王成波）

方法点拨 >>

吃零食现象真是中小学校的普遍问题啊！鉴于对零食的认识不同，广大学校对待零食的态度和措施区别较大：有些认为学生半晌难免小饥小饿，补充点能量未尝不可；有些却认为零食的背后是巨大的安全隐患和纪律赘肉，能消则消，能减则减；当然更多的是态度暧昧，明令禁止却半闭半睁。无论持何种态度，相信有条底线是必须遵守的——课堂上严禁吃零食。针对吃零食，广大班主任各出奇招，常见的方法可能是以下几种：

版本一：全面撒网型。抓住吃零食的学生就猛批，最好让班里其他学生"旁听"，杀鸡儆猴；抓不住当事人就全班猛批，反正这是群体化问题。但批评当事人还好，让学生"旁听"就难免放大了班主任的"凶残"，容易让学生产生抵触情绪，得不偿失；抓不住当事人批评全班更不可取，一来不能服众，二来班主任完全是无的放矢，恐怕心底也多少会有些无力吧？

版本二：重点捕捞型。重点观察，"抓获"屡教不改的学生后责令其批量购买零食，然后发给全班同学分享，美其名曰"独乐乐不如众乐乐"。这种做法是利用了"损失厌恶心理"，放大违纪成本，让零食"惯犯"们"人财两失"不敢再犯，同时也起到了警示他人的作用。但这种做法似乎不大合规矩，容易引发争议，还是少用为佳。

版本三：防患未然型。仔细一想就会发现，以上两个版本都是事后解决，属于"救火"；而王成波老师的做法明显技高一筹——他是在学生违纪之前进行谈话教育，属于"防火"。王老师是怎么防火的呢？

首先，他候课时"远远地看见别的班成群的学生手里拿着各种零食走进教室"（捕捉契机）；其次，他正话反说，用反讽的手法盘点零食的"巨大作用"（创设情境），现象和描述的巨大反差呈现出巨大的张力，让学生在倍感荒诞之余，深刻体会到了老师的良苦用心；再次，在这样一种临时碰到、准备不足、有感而发的情况之下，王老师的讲话条理清晰、对仗工整（预演过程）；最后一笔又由零食话题转向"基本营养物质"，化德育教导为课堂导入（植入教学），实现了从德育到教学的无缝衔接，可见其功力之深厚！

坦率地讲，无论何种德育情境，谈话只解决了知，要求才有利于行。王老师在这次谈话之后，肯定需要再跟进要求，可能是限于篇幅未提及吧。

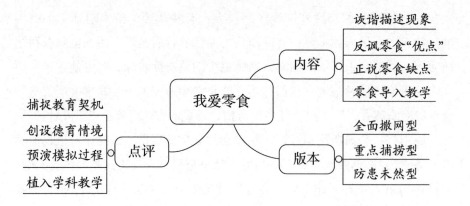

活动策划实施（以运动会为例）

红包雨

背景 >>

学校运动会召开在即。我想，运动会一方面是体育比赛，另一方面也是欢乐节日，就想给孩子们买一些"玩具"。早上跟几位班干部开会，大家商量好了要买的物品。学生外出不便，于是我找家委会代表来开了个筹款短会。

目标 >>

由家委会会长出面为学生筹集运动会活动经费。

准备 >>

提前在家长微信群里进行预热；邀请家委会代表来校开筹备会。

过程 >>

（会长在家长微信群里发出消息。）

会长：今天早上见到秦老师，领任务后，随即和然、龙的妈妈走街串巷开始寻宝——红帽、红幅、红领巾、拍手、喇叭、矿泉水，顺利得很，唯有那个三道杠臂章真难住了人，后来用了红袖章代替。因为没有班费，以前的班级集体活动产生的费用一直由秦主任自掏腰包贴补，我知道后真是感动不已。班主任已经为孩子们操碎了心，不能让他在经济上再增加负担。适逢学校运动会，也需要一些费用，很多家长纷纷表示愿意出钱出力提供方便。为了满足大家的心愿，本着自愿原则，特在此倡议：家长可以在本群发单个红包，注明亲子活动，以20元为上限，绝对不要突破20元！由家委会指定家长然妈妈收红包，登记造册取现，扣除本次费用后，剩余部分作为班费使用，由家委会依据班级需要使用，并在本群公示通报。红包雨截止今晚零时。

（家长们纷纷表示支持，紧接着红包雨就陆续飘了下来！既然是给孩子们的活动筹款，我也发了20元红包。不知过了多长时间，又看到会长发出一条消息。）

会长：亲子活动的号召力真是无比巨大啊！鉴于家长热度高，效果好，力度大，数量多，秦主任也给予了支持。相信此笔亲子款项一定能给班级管理提供助力，给班级注入活力，学习气氛会越来越好。亲子红包活动截止时间提前到今晚19时，19时以后请然妈妈停止接收，再发随便抢哈。谢谢了，谢谢大家了！

（随后，会长又发出几条消息。）

会长：机缘巧合，因为成绩差，孩子们走到了一起，并且遇到了他们人生中最为重要的高中班主任。尽管由于各种原因孩子们成绩不如我们所愿，但我个人认为，在决定人生观、世界观、价值观的关键时期，他们遇到了秦主任这位学者型专家型班主任，实在是一大幸事。

近两个学期来，他没有放弃孩子们，甚至用业界良心都已经不能形容班主任对孩子们的殚精竭虑。作为家长，我们汗颜啊！也许有家长认为，来英才不过是多掏些钱，也可以去一中插班；不过对我个人来讲，我不会再考虑这些，而要面对现实，从现在做起。孩子补课家长也补课，我们共同的补课老师就是秦老师。在班主任的谆谆教诲之下，孩子们有了方向、有了目标，努力实现从人生低谷中逆袭，高中（8）班一定能成为他们人生的新起点！

然妈妈很辛苦，统计结果为：今天红包雨活动，收入共计1070元，运动会购买物品支出182元（物品明细：红领巾、臂章、水两箱、小喇叭、小拍手、横幅等），剩余款合计888元。这笔款项由家委会管理，大家放心。

然妈妈：目前这些钱已由家委会保管，作为班里的奖励基金，以后每笔开支，账目公开，谢谢各位家长对班级管理的支持，相信班主任和班委会一定能够用好这笔钱。

师：真诚感谢家长们对班级的支持，班委会每支出一笔，均由班长和经手人签字由家委会公示，完善财务制度，相信孩子们不会辜负我们的努力与付出！

（运动会筹款的事，就这样轻松解决了，并为之后的班级建设储备了基金。其实，这是在家长微信群召开的微型班级事务会，这是班会的延伸。）

（河南省济源第一中学　秦望）

拍卖会

背景 >>

运动会向来是增进同学感情、增强班级凝聚力的良好载体，因此要保证每位学生都参与其中。根据这个原则，我发现有一大部分学生"漏网"了。

目标 >>

给每位学生都分派任务，强化他们的参与感和主人翁意识。

准备 >>

早上，在走廊里给班干部开完会，选出各小组组长。

过程 >>

（饭后十分钟，我到班里"拍卖"任务。）

师：今天上午，学校春季运动会就要正式开始了，运动会应该是一个全员参与的盛会，我早上给班委开了个短会，分了几个小组，没有参赛项目的同学，我们利用十分钟的时间报名，以拍卖的形式进行。规则是：你在某一方面有特长，才可以买到此项任务。如果有比你更擅长的同学，可以二次购买。几位小组长分别在自己的区域站好，我公布各小组任务和拍卖条件后，请迅速跑到对应组长那里。

（各组组长拿着写有组名的一张纸站在自己的区位中间。我开始竞拍。）

师：啦啦队，为运动员加油，条件是声音响亮，听指挥。

（很快有几位同学高喊，"我买，我买"，跑了过去。）

师：纪律组，负责维护现场秩序，讲原则，守纪律。

（无人应征。）

师：卫生组，负责我班所在区域卫生的维护和每天结束后的清扫，要求认真，肯吃苦。

（有几位同学跑了过去。）

师：宣传组，负责写稿，送广播站，文笔好。

（大家一致喊莉、馨，她俩不好意思地走了过去。）

师：摄影组，负责记录班级和同学的精彩瞬间，从家里带相机，会拍照。

（有两位同学站了出来。）

师：服务组，为运动员服务，送水、迎送、拿物品。

（没有任务的几位同学，自然而然归入这一组。）

师：纪律组还缺人呢！

生：老师，龙适合管纪律。

师：去吧，龙，这个任务很艰巨，相信你能做好。

（龙雄赳赳地大步走了过去，把同学们逗笑了。）

师：各组长下去给本小组开个短会，制定组规，分工，商议工作细节。

（河南省济源第一中学　秦望）

动 员 令

背景》

同学们到操场站队出发，出发前，我趁势动员。

目标》

激发士气，强化奋勇争先的精神。

过程》

师：同学们！我们班在历次大型活动中均有不俗的成绩。庆十一歌咏比赛，我们班得了第几名？

生：（齐喊）第一！

师：年级篮球赛，我们班是第几名？

生：（喊声更响了）第二名！

师：这次运动会，我们的目标是？

生：（群情激昂）第一名！

（我知道，班级跑跑操还行，但要说体育赛事，还是缺运动员。因此，我向学生们强化奋勇争先的精神。）

师：力争第一，是一种昂扬向上的精神，这是一个集体最宝贵的财富。论实力，我们不一定是第一，但是，只要有了这种做事情就要做好的精神，无论第几你们都是我心目中的第一。请用你们最大的声音喊出来：我们的班级口号是？

生：一六零八，厚积薄发，脚踏实地，坚韧不拔！

（群情激昂，声震操场。）

师：好，我们出发！

（河南省济源第一中学　秦望）

母子情

背景

"老师，我妈说要来看运动会，不知来了没，我去门口接她吧！"尧几次问我。后来，尧的妈妈来电话了，我喊他去接。他三步并作两步地蹦下台阶，一溜烟跑出了运动场。尧的成绩很差，尧的妈妈一度为此而烦恼，还跟孩子闹过几次矛盾。但尧的品行很好，我想趁此机会，缓和他们的母子关系，也肯定尧的人品。成绩不是几天就能赶上来的，但我相信，对他做人的肯定，一定会化作他前行的动力。

目标

融洽母子关系，赋予尧前行的动力。

准备

运动会期间，尧陪母亲坐在看台后面，对操场上的运动员进行介绍与点评，与母亲聊得热火朝天。我悄悄地暗示摄影组，拍下这一动人的瞬间。

过程

（当天中午，我利用休息前的几分钟，在班里展示了拍下的这一动人瞬间，母子两人的幸福感洋溢在画面上。）

师：同学们，我们给这张照片起个什么名字最合适？

生：同台看戏。

（我摇摇头。）

生：母子情深！

师：嗯，不错。如果用两个字来形容呢？

生：（稍一思索，齐答）幸福！

师：对！这就是平凡日子中的幸福。其实，我们生活中哪来那么多的轰轰烈烈，你们看，尧和他妈妈边看运动会边聊天时，幸福的表情都写在了脸上。相信尧的妈妈一定为有这样的儿子而自豪。

（尧不好意思地笑了！）

（河南省济源第一中学　秦望）

英雄连

背景 >>

运动会期间，4×400米接力赛，我班4个女孩儿在预赛中拿了第三，哨探飞快来报。运动场上，她们正一字排开往回走。

目标 >>

树立榜样人物，启蒙英雄意识。

过程 >>

师：（回头对看台上的同学们喊）看，我们的女子英雄连，雄赳赳，气昂昂，跨过一中大操场！

（同学们纷纷挤到前面来围观，并大声对她们欢呼、鼓掌、吹喇叭。这时，服务组的同学忙上前送水。）

师：我们班谁的歌儿唱得好听？

生：（齐喊）林！

（大家把她推到前面。）

师：林，给我们的女英难连献首歌儿吧。

（林唱了一首《铿锵玫瑰》。）

林：……风雨彩虹，铿锵玫瑰，纵横四海，笑傲天涯，永不后退……

（围观的吃瓜群众也跟着哼了起来，一时气氛活跃了起来。接着我点评了几位女英雄，并特别表扬了琪。）

师：琪不仅学习专注，成绩突出，而且身体强健，真是全面发展的好学生啊!

(其实,琪的同学关系不太好,我想借机帮她树立良好形象,改善她的生活环境,促使她在人际交往方面有所改善。她刚立新功,学生们纷纷鼓掌支持。)

琪:(眼里闪着泪花)谢谢老师,谢谢大家!

师:摄影师呢?来,给英雄连拍张照,这可是创造我班历史的瞬间,值得珍藏。

(摄影组的同学急忙举起相机,为她们拍了个合影。英雄连队就这样诞生了。我想,或许,她们四人从此会成为好姐妹。)

(河南省济源第一中学 秦望)

坚守党

> 背景 >>

运动会期间,欣独自一人痴迷地看书。下午,运动会结束,同学们纷纷往回走,我回头看到卫生组的同学正做最后的保洁工作。我心中一动,回班何不表扬一下为班级默默贡献力量的同学?

> 目标 >>

提醒学生观察班级的美好事物。

> 过程 >>

(晚饭后,同学们陆陆续续到班,我示意安静。)

师:同学们,今天在看台上有人四处乱跑时,有没有人观察到有人一直坐在咱们班的位置上默默看书?

生:(纷纷回答)是欣,她帮我们看衣服。

师:如果没有像欣一样坚守在看台上的同学,我们班岂不是位置空空，哪里还像一个班？

（学生点头认可。）

师：在我们胜利大撤退时，有没有人注意到，我们卫生小组的同学晚饭也没来得及吃，把我们班的看台打扫得干干净净？

（同学们默不作声地听我讲。）

师：我们班有这样一群人在默默坚守，彰显了我们这个集体的力量，让我们向他们致敬。

（学生们纷纷鼓掌，并看向这些同学。被表扬的同学微低着头，一脸微笑。）

师：如果给这些默默无闻地贡献着自己力量的同学起个名字，应该叫什么呢？

生：坚守党！

（学生大笑，纷纷赞同。）

师：我们班需要这样的坚守党，让我们一起坚守我们应该坚守的，让我们班变得更有力量。

周一班会，我们来个细节发现大赛，讲讲运动会期间我们班发生的触动你心灵的故事。

（河南省济源第一中学　秦望）

方法点拨 >>

根据工作中的实际需要，班主任也可以围绕某个主题开展系列微班会。比如上文围绕着"运动会"为我们展示了六节系列微班会：

①红包雨：巧借力联家校筹集经费；
②拍卖会：分任务聚人心以卖代派；
③动员令：巧动员鼓士气赛前点兵；
④母子情：捕细节捉契机凸显温情；
⑤英雄连：勤总结大表扬及时强化；
⑥坚守党：提坚守讲奉献提炼班魂。

这六节微班会，主题新颖、构思精巧、角度独特，运用了以下技巧：

①运用恰当素材：在《红包雨》中，联系家长筹集运动会经费的初衷是"给孩子们买一些'玩具'"（喇叭、条幅等助威用品），这些玩具可以让学生们在为本班同学的呐喊助威声中增强凝聚力，强化归属感。

②捕捉教育契机：趁点评母子情改善了尧的亲子关系，借表扬英雄连树立了琪的好形象，又通过表扬坚守党提倡了默默奉献的班级精神。可见只要班主任有心，处处都是教育契机。

③预演模拟过程：如果说"捕捉教育契机"体现了卓越班主任的深厚功力，那么"预演模拟过程"则是我们广大班主任都能努力的部分。以运动会系列微班会为例，我们发现大部分主题，如经费筹集、任务分配、赛前动员、赛后点评、精神提炼甚至是现场抓拍和素材准备等，都可以通过预判而把工作做在前面，变"契机"为"预设"。

④增强活动体验：分配任务的时候，我并没有像多数班主任那样指定负责人，而是以用拍卖的形式调动学生的参与热情；在运动会现场，则不遗余力地制造让学生展示特长的机会。这都能增强活动体验。

⑤融合心理技术。为什么一定要增强活动体验呢？因为根据心理学的"情绪二因素理论"，当一个人情绪激动、心跳加速的时候，恰恰也是一个人容易拉近关系，受别人影响的时候。学生在运动中、在展示特长时都会心跳加速，情绪被激活，师生关系和生生关系都容易被拉近，德育效果也最佳。这就使得运动会成为了转化学生的绝好环境，班主任们一定要好好利用。

⑥开发微小时段。由于时间紧、任务重，运动会的很多工作都需要班主任们见缝插针地进行。上文案例中，《拍卖会》是在饭后十分钟、《动员令》是在比赛前、《母子情》是在午休前、《英雄连》是在得胜归来的间隙、《坚守党》是在晚饭后进行的，都是临时开发出来的微小时段，微班会的灵活性在这里体现得淋漓尽致。

⑦及时总结评价。新行为主义创始人斯金纳认为，无论是人还是动物，为了达到某种目的，都会采取一定的行为，这种行为将作用于环境，当行为的结果对他或它有利时，这种行为就会重复出现；当行为的结果不利时，这种行为就会减弱或消失。这就是著名的"强化理论"。可以看出，

在这个理论中，行为的重复与否取决于外界对该行为的反馈。因此，及时的反馈对于习惯的养成至关重要。在《母子情》中及时反馈了温暖和幸福，在《英雄连》中及时肯定了四位运动员的成绩，在《坚守党》中及时凸显了坚守看台的欣和打扫卫生的值日生，都是对"强化理论"的生动运用。

⑧巧借八方力量。上文案例中，筹集资金借家委会的力，安排任务借拍卖会的力，提倡奋勇争先借赛前动员的力，改善亲子关系借活动抓拍和同学的力，唱歌和肯定成绩相互借力，提炼"坚守"和"奉献"又借活动期间有此表现的学生的力。无力不可借，草木竹石均可化为德育之剑。

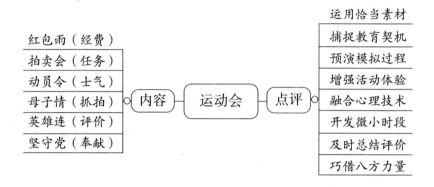

实践之树常青

整整两年,实践、思考、写作、打磨,梦回萦绕,终于收关了!十月,是个举国欢庆的收获季节。我的心情一如欢乐的国庆节日!

回顾两年来的"微班会研究"之路,与其说是"写"出来的,不如说是"做"出来的。从事班主任工作23年,带过不同学段、不同地域的班级,深感德育效率之低下。我在自己的日常班级管理实践中进行了大量改进与尝试,这些点点滴滴的积累,最终在"微时代"的催生之下,形成了高效德育之载体"微班会"这一概念。因此,事实上我的"微班会研究"不止两年,而是23年一直在进行中。23年的班级管理实战经验的汇聚,点燃了思维的火花。理论是灰色的,而实践之树常青。在《微班会创意设计与实施》一书的写作过程中,我一再提醒自己,这本书主要是给一线班主任使用的,尽量淡化抽象的理论言说,以通俗易懂、好学好用的浅白用语直接勾织操作要领,直抵问题本质。

班主任工作是我教师生涯的重要组成部分,当我沉醉于这一"广阔天地"之时,萌发了终身从事班主任工作实践与研究,为"班主任学"的建立添砖加瓦的理想。为此,2005年我和身边的班主任组建了"8+1工作室"这一班主任工作研究的民间基层学术团队,并在走遍全国的讲学活动中吸引了很多同行一起从事这一伟大事业。我们紧紧围绕中小学班主任的工作所需，边实践边记录边研讨边整理，编写班主任工作书系的想法越来越强烈，并在实践基础上提炼了班主任必备的知识和能力结构要素——日常管理、文化建设、特殊学生、管理队伍、活动组织、主题班会、家校共育、沟通艺术、心理辅导、案例分析、课程开发、专业成长等12项内容。为此，我写了一组文章解读这12个主题，每个主题均追溯历史发展脉络，提炼核心内容，提供文章和书单，指引学习实践方法，力争勾织出班主任专业成长的路线图。在指导全国各地"班主任工作室建设实验校"阅读的过程中，我发现了数百本班主任书籍，但适合做"教科书""参考书"的数量有限，远远满足不了班主任学习的需要。我们着手围绕这12个主题编写班主任读本。我整合全国一线100位优秀班主任编写了"中小学班会教学参考书"12册，团队成员王晓琳老师编写了"电影课程进教室"教材、教参6册。这本《微班会创意设计与实施》，则是对主题班会的有效补足，极大丰富了班会的育人功能。

在本书编写过程中，得到了8+1工作室伙伴们的鼎力支持，伙伴们提供了许多实战案例。由于我工作繁忙，侯志强在文字打磨、案例点评、思维导图绘制方面做了大量工作。书中改编的十几位名班主任的案例，为本书增加了亮色，对此，一并致谢！

借本书出版之机，向一直支持我、关心我成长的前辈丁如许、张万祥、唐云增、迟希新、李镇西、张国宏、熊华生、魏强等表达真诚的敬意。向给我班主任工作研究以很大启发的班主任工作研究专家王立华、陈宇、李家成表示感谢。还有众多同行的伙伴们，感谢你们的鼓励与帮助，让我们一起为中国的"班主任学"的建立而共同奋斗！

亲爱的读者朋友，期待您对本书的反馈和真诚的建议！

联系邮箱：726801809@qq.com。

秦 望
2018年10月8日于河南济源

图书在版编目（CIP）数据

微班会创意设计与实施 / 秦望，侯志强编著 .—上海：华东师范大学出版社，2019
ISBN 978-7-5675-8757-1

Ⅰ. ①微... Ⅱ. ①秦... ②侯... Ⅲ. ①班会—案例—中小学 Ⅳ. ① G635.5

中国版本图书馆 CIP 数据核字（2019）第 023929 号

大夏书系·全国中小学班主任培训用书

微班会创意设计与实施

编　　著	秦　望　侯志强
责任编辑	卢风保
封面设计	奇文云海·设计顾问

出版发行	华东师范大学出版社
社　　址	上海市中山北路 3663 号　邮编　200062
网　　址	www.ecnupress.com.cn
电　　话	021-60821666　行政传真　021-62572105
客服电话	021-62865537
邮购电话	021-62869887　地址　上海市中山北路 3663 号华东师范大学校内先锋路口
网　　店	http://hdsdcbs.tmall.com/

印 刷 者	北京季蜂印刷有限公司
开　　本	700×1000　16 开
插　　页	1
印　　张	16
字　　数	238 千字
版　　次	2019 年 4 月第一版
印　　次	2025 年 1 月第十六次
印　　数	39 101 - 40 100
书　　号	ISBN 978-7-5675-8757-1/G·11800
定　　价	49.80 元

出版人　王　焰

（如发现本版图书有印订质量问题，请寄回本社市场部调换或电话 021-62865537 联系）